Andersen · Lebensbuch

Hans Christian Andersen

Lebensbuch

Herausgegeben, übersetzt
und mit einem Nachwort von
Gisela Perlet

DIEDERICHS

Die Originalausgabe erschien unter dem Titel *Hans Christian Andersens Levnedsbog*, bei Det Schønbergske Forlag, København

Bildnachweis:
H. C. Andersens tegninger til Otto Zinck.
Diese Zeichnungen sind Eigentum des Hans Christian Andersen-Museums Odense.

Verlag und Herausgeberin danken
Det Schønbergske Forlag, Kopenhagen,
und dem H. C. Andersen-Museum, Odense,
für freundliche Unterstützung.

Die Deutsche Bibliothek – CIP-Einheitsaufnahme
Andersen, Hans Christian:
Lebensbuch / Hans Christian Andersen. Hrsg., übers. und mit einem Nachw. von Gisela Perlet. – München : Diederichs, 1993
Einheitssacht.: Levnedsbog <dt.>
ISBN 3-424-01171-1
NE: Perlet, Gisela [Hrsg.]

Umschlaggestaltung: Ute Dissmann, München
Produktion: Tillmann Roeder, München
Satz: Uhl + Massopust, Aalen
Druck und Bindung: Kösel, Kempten
Printed in Germany

ISBN 3-424-01171-1

Inhalt

[Vorrede] 6
Erster Abschnitt 9
Zweiter Abschnitt 36
Dritter Abschnitt 71
Vierter Abschnitt 135
Fünfter Abschnitt 166

Nachwort 185
Anmerkungen 195

[Vorrede]

Habe ich einen Menschen ein einziges Mal gesehen und gesprochen, dann behalte ich sein Gesicht genau im Gedächtnis und trage sein Spiegelbild vollkommen in mir. Doch an mein eigenes Gesicht, das ich, wie unser Herrgott und alle Leute wissen, oft genug im Spiegel betrachte, kann ich mich gar nicht erinnern, und in geistiger Hinsicht ist dasselbe der Fall. Wie ich glaube, habe ich vom Charakter fast aller meiner Bekannten einen Begriff, und sogar einen ziemlich klaren; dagegen ist mir mein eigener ganz unerklärlich. Ich schreibe hier alles über mein Jugendleben nieder, was die Erinnerung mir eingibt; dies wird sich für den Fremden, der außerhalb steht, vielleicht zu einem Ganzen sammeln und vieles in meinen Gedichten, sofern die Welt sie nach meinem Tode liest, erhellen, rechtfertigen und verdeutlichen. Mit jedem Tag wird für mich alles mehr zu Poesie; die Poesie tritt in mein Leben ein, und das Leben selbst erscheint mir wie ein großes, wundersames, poetisches Gedicht. Ich fühle, daß eine unsichtbare, liebevolle Hand das Ganze lenkt, daß es kein blinder Zufall war, was mich vorwärtsbrachte, nein, im Verborgenen hat ein Vaterherz für mich geschlagen! – Wenn ich ein paar gute Seiten habe, und ich habe sie gewiß, so ist das wirklich nicht im geringsten mein Verdienst; es ist mir nicht möglich gewesen, anders zu handeln. Dagegen hätte ich oft stärker und besser sein können – ich lasse mich stets vom Eindruck hinreißen.

Andersen
30

Erster Abschnitt

I
Meine Geburt

Meine Großeltern waren vermögende Bauersleute und lebten auf Fünen. Mißgeschick traf sie: ihr Vieh erkrankte, die Saat verdarb, mein Großvater verfiel auf fixe Ideen, wurde geisteskrank, wenngleich nur in leichtem Grade, und zog daraufhin mit seiner Frau nach Odense. Mein Vater, ihr einziger Sohn, galt als ein vorzüglicher Kopf, deshalb boten mehrere wohlhabende Bürger der Stadt den Eltern an, ihm zu einem Studium zu verhelfen, und er selbst hatte auch Lust dazu. Sie aber hielten nichts davon, und mein Großvater VERLANGTE von ihm, daß er das SCHUHMACHERHANDWERK erlernte. – Jung, voller Leben und Laune, fand er sich damals besser darein, als er selbst angenommen, nutzte seine freien Stunden dafür, Holberg zu lesen und Spielzeug zu basteln, ja, er dichtete sogar einige Lieder, die jedoch niemals gedruckt wurden. Kaum daß er Geselle geworden war, erst zwanzig Jahre alt, heiratete er meine Mutter, ein armes Mädchen, das ihn einem reichen Branntweinbrenner, bei dem sie diente oder gedient hatte, vorzog. Die beiden besaßen nicht das Geringste, waren aber sehr verliebt, und als sie ein Brautbett kaufen wollten, reichte das Geld nicht. Nun war in der Stadt gerade ein Graf gestorben und lag öffentlich aufgebahrt; der Sarg ruhte auf einem großen, mit schwarzem Tuch überzogenen Holzpodest. Als es anschließend versteigert wurde, kaufte es mein Vater, und da er Fingerfertigkeit besaß und schon als Junge gern gehobelt und Holz behauen hatte, baute er aus diesem Totenparadebett ein Brautbett. (Ich erinnere mich, daß unten herum schwarze Tuchleisten saßen, die er bei der Umwandlung nicht abgenommen hatte, und das beweist, daß es, in Hinblick auf die Form, nicht ganz vollkommen war.) Wo – reich, aber tot – die Leiche paradiert hatte, lag im Jahr darauf (am 2. April) – arm, doch lebendig – ein neugeborener Poet, nämlich ICH SELBST, und daran scheint mir wirklich etwas sehr Poetisches zu sein. Ansonsten war ich winzig klein, schrie während der Taufe in der Kirche entsetzlich, und der griesgrämige Pfarrer wurde mein erster Rezensent, und das sogar mit Angriffen persönlicher Art – er soll mich als »Kätzchen« bezeichnet haben.

II
Kinderjahre

Wie bunte, halbvergeßne Träume stehen die frühesten Erinnerungen vor mir. So ist mir der Aufenthalt der Spanier in Odense (1808) am weitesten weg. Ich sehe sie noch mit Kanonen vorüberfahren und erinnere mich an einen Soldaten, der mich auf seinen Arm nahm und dabei tanzte und weinte – gewiß hatte er selbst Kinder in Spanien. Ich weiß noch, daß ich in einem Fenster stand und zusah, wie ein Soldat auf der Heide erschossen wurde, doch von der ganzen Prozession habe ich nur die Zimmerleute, deren lange Bärte auf mich einen besonderen Eindruck machten, in Erinnerung behalten.

In meiner frühen Kindheit hat es in Odense noch sehr viele alte Bräuche und Volksfeste gegeben, die später ganz verloren gingen; sie haben sicherlich auf mein ganzes Wesen tief eingewirkt und meiner Kindheit ein wunderliches, poetisches Kolorit verliehen – es ist, als hätte ich in einer längst vergangenen Zeit gelebt. Alle diese Szenen machen meine lebendigsten und frühesten Erinnerungen aus. – Meine alte

Großmutter, die mich ganz unbeschreiblich liebte, nahm mich stets mit, damit ich zusehen konnte; sie trug und führte mich zu jeder Freude, die ohne Geld zu haben war. – So habe ich zweimal die Maurermeister mit den Schildern umziehen (das heißt: die Herberge wechseln) gesehen. Ein alter Müllkutscher, Hans Strue, der eine furchtbar große Nase hatte, war als Harlekin verkleidet (das Gesicht schwarz, doch die Nase rot) und eröffnete mit einer Pritsche in der Hand den Zug. Die Gesellen hatten sich die Hemdsärmel mit Seidenbändern geschmückt und trugen das Schild, andere trugen Degen mit aufgespießten Apfelsinen oder Zitronen, und die ganze Zunft folgte mit lauter Musik hinterdrein. Sobald das Schild an der Hauswand angeschlagen war, trat ein Geselle heraus und hielt vor allen Leuten eine in Versen abgefaßte Rede. Ich verstand nichts davon und kann mich nur an den Satz erinnern: »Vulkanus war der erste Schmied.« Dies erschien mir äußerst interessant, ja, es veranlaßte mich sogar, einen Jungen der Lateinschule nach den Namen weiterer Götter zu befragen; der aber war in Mythologie nicht sehr bewandert, und die ganze Ausbeute bestand in Odin, Jupiter und Rhea.

Jede Jahreszeit brachte mir einen Feiertag, und so schmilzt in der Erinnerung meine gesamte Kindheit zu einem Zyklus von Festtagen zusammen. – Gewöhnlich machten meine Eltern zweimal im Sommer einen Waldausflug; Butterbrote, eingehüllt in ein großes Tuch, und ein Krug Bier, das war der Proviant. Ich war ganz unbeschreiblich glücklich, sammelte mir Erdbeeren auf einem Grashalm, bastelte Boote aus Schilf und ließ sie den Fluß hinuntersegeln. Nie wieder hat mich die Natur so angesprochen wie damals; ich hatte viel Phantasie, jede Blume, jeder Vogel schien zu mir zu sprechen, ich war ein Dichter, ohne es zu wissen. Bei einem dieser sommerlichen Waldausflüge gab es eines Abends einen entsetzlichen Orkan, was auf meine kindliche Phantasie eine solche Wirkung machte, daß ich mich noch recht lebendig daran erinnere; doch nimmt sich dieses Ereignis wohl deshalb so schrecklich aus, weil ihm das Kind sein grelles Kolorit verlieh. – Bäume wurden mit der Wurzel ausgerissen, ein Blitz schlug nach dem anderen ein; mein Vater trug mich auf seinem Rücken, doch weil die Luftwirbel so heftig waren, mußte er sich mehrmals auf die Erde werfen. Der Weg nach Odense führte durch das Sumpfgebiet Munkemose, hier mußte er mit mir durch das Wasser waten, das ihm bis über die Knie reichte; ich saß auf seinen Schultern und sah mich um, vom großen Schauspiel wundersam ergriffen.

Einmal im Jahr traf sich die Bürgerschützengilde auf der Heide. Es war ein allgemeines Fest, das seinen Höhepunkt gerade dann erreichte, wenn das Schießen zu Ende war. Dann wurde die Schießscheibe versteigert und anschließend den Jungen übergeben, die sie im Verein nach Hause trugen. Vier von den größeren nahmen sie auf ihre Schultern, der größte, ja manchmal noch ein zweiter, setzte sich obendrauf, und dann ging es los. Alle anderen Jungen versahen sich mit grünen Zweigen, sangen und jubelten, und wenn die Ehrenpforten abgerissen wurden, putzten sich die beiden Jungen auf der Scheibe mit Girlanden und Inschriften heraus. Dieser bacchantische Zug, dem alle Leute folgten, bewegte sich bis in den späten Abend durch die Straßen. Ich nahm jedoch niemals daran teil, sondern stand auf einer hohen Treppe und sah der ganzen Lustbarkeit zu.

Am Abend vor dem Johannistag ging ich Wasser holen, und obwohl sich die Quelle mehr als eine halbe Meile vor der Stadt befand, brachte ich meinen kleinen Eimer gefüllt nach Hause. Ich war sehr abergläubisch, und meine Mutter nicht minder; wir steckten Johanniskraut unter den Balken, mein Zweiglein wuchs üppig und verhieß mir ein langes Leben.

Auch der Winter hatte viele Freuden und festliche Tage. – Am Rosenmontag ging ich mit meiner alten Großmutter

auf die Straße, um mir das fröhliche Treiben anzusehen. – Spielleute gingen an der Spitze, dann kamen die Schlachter, die einen großen, mit Fastnachtsruten geschmückten Ochsen führten, auf dem ein kleiner Junge mit Flügeln auf dem Rücken saß. – Es war auch Brauch, daß die Seeleute des Fischerdorfs Stige nach Odense kamen, in weißen Hemden mit bunten Bändern, und mit lauter Musik alle ihre Fahnen durch die Straßen trugen. Anschließend legten sie ein Brett zwischen zwei Boote, zwei kecke Burschen stellten sich darauf und rangen so lange miteinander, bis einer von ihnen ins eiskalte Wasser fiel. – Später traf man die Bestimmung, daß alle beide fallen mußten, denn es war einmal geschehen, daß sich einer seine Niederlage so sehr zu Herzen nahm, daß er heimlich das Fischerdorf verließ und niemals wieder gesehen wurde.

Die Stadtmusik von Odense bestand nur aus Pfeifen und Trommeln, und die Musizierenden waren Bürger. Zur Neujahrszeit zogen sie von Tür zu Tür, »trommelten das neue Jahr ein«, wie sie es nannten, und verdienten sich mit dieser unerträglichen Musik, die mir damals recht gut gefiel, so manchen Schilling. Sobald sie das neue Jahr in die Stadt getrommelt hatten, zogen sie aufs Land hinaus, und dort trommelten sie oft so lange, bis es Frühling wurde und die Bäume ausschlugen. Dann kehrten sie heim, beladen mit Mehl, Grütze, Speck und Würsten rund um die Trommeln.

Solcherart gab das Lokale meiner Phantasie Nahrung, und ich finde, daß meine Kindheit etwas Romantisches hat, wovon ein Kopenhagener nichts weiß.

III
Das häusliche Leben bei uns

Mein Vater war nicht ohne Bildung und ein hervorragender Kopf, bei meiner Mutter dagegen war alles Herz; sie waren beide ziemlich verschieden, lebten aber doch gut zusammen. Mein Vater fühlte sich in seinem Kreis nicht heimisch, hatte zu seinem Handwerk keine rechte Lust und las deshalb abends Holberg und *Tausendundeine Nacht* vor. Er bastelte mir ein Perspektiv, ein kleines Theater mit Bildern, die sich verwandeln ließen, wenn man an einem Faden zog. Seine Mutter behandelte er sehr freundlich, doch konnte er ihr niemals ganz vergessen, daß sie sich nicht gegen seinen Vater aufgelehnt hatte und daß er nicht zum Studium gekommen war.

Als Francks deutsche Schauspielertruppe Odense besuchte, sah ich zum ersten Mal eine Komödie, Holbergs *Politischen Kannegießer* als Singspiel, in einer deutschen Bearbeitung. Ich fühlte mich wie im Himmel, äußerte mich jedoch sehr prosaisch, indem ich beim Anblick der Zuschauermenge ausrief: »Gott! Wer so viele Viertelpfund Butter hätte, wie hier Leute sind!«

Manchmal kam eine alte Frau aus dem Hospital zu uns und ließ sich geben, was von unserem armseligen Tisch übrigblieb. Diese Alte war dafür bekannt, daß sie wahrsagen, ja sogar hexen konnte, und diente meiner Mutter häufig als Orakel. Ich dagegen hatte Angst vor ihr, lachte aber über sie, denn das Beispiel meines Vaters, der sie eine Betrügerin nannte, steckte mich an. – Einmal sollte sie auch mir weissagen. »Der wird mehr Glück haben, als er verdient«, sagte sie voller Groll, »das wird ein wilder Vogel, hoch, groß und vornehm wird er in die Welt hinausfliegen – einmal wird man ganz Odense für ihn illuminieren!« – Das stimmte mich sehr vergnügt, und meine Mutter vergoß ob dieser Prophezeiung Freudentränen. Später, als es mir wohl erging in der Welt, hat sie mich daran erinnert, und sie glaubt immer noch, daß man einmal für mich illuminieren wird!

Sonst war ich zumeist bei meiner alten Großmutter, die mich von Herzen liebte; alle Leute hatten die alte Frau gern, und auch nach ihrem Tod wird noch von ihr gesprochen. Sie war schön und hatte ein freundliches Gesicht, war rechtschaffen und hielt ihre ärmlichen Kleider äußerst reinlich. – Oft ging sie in den Garten des Hospitals, um dort zu arbeiten, ich durfte dann in ihrer Nähe spielen und mir die prächtigen Blumen ansehen. Besonders gern küßte ich die Rosen – eine Lust, die mich noch heute überkommt, wenn ich eine recht schöne und rote erblicke. – Zweimal im Jahr verbrannte sie alles abgefallene Laub, und zwar auf dem Gelände des eigentlichen Hospitals, wo sich die Irren aufhielten (die aber nichts Böses taten). Wenn ich dort bei ihr war, fühlte ich mich von meiner Umgebung zwar etwas beunruhigt, doch es hatte für mich auch etwas Interessantes, diesen Unglücklichen zuzuhören. – Manches Mal kam eine alte Frau und nahm mich in die Spinnstube mit. Dort galt ich als ein kluges Kind und wurde bewundert, und das wußte ich, ja, ich begann, etwas darauf zu geben. – Mir wurden Geschichten erzählt und Lieder vorgesungen, kurz: Kluge wie Irre taten, was in ihren Kräften stand, um meinem Wesen etwas Romantisches zu verleihen. Oft lag ich vor den Häusern, in denen die Tobsüchtigen wohnten, und hörte mir ihre Reden, ihre Lieder und ihre entsetzlichen Verwünschungen an. Einmal sprengte eine von ihnen, ein nacktes Frauenzimmer mit langen, schwarzen Haaren, die Türpforte auf. Sie bewarf mich mit Stroh, und ich floh in größtem Entsetzen.

Ständig war meine Phantasie in heftiger Bewegung, kaum jemals getraute ich mich in der Dunkelheit hinaus, und wenn ich für meine Eltern etwas besorgen und am Sankt-Knud-Friedhof vorbeigehen mußte, dann schloß ich die Augen und stürzte davon, stieß mit Leuten zusammen oder fiel der Länge nach hin. – In der Nähe von Odense liegt ein Hügel, den man den Nonnenhügel nennt. Hier hatte einmal ein Kloster gestanden, und es hieß, daß an dieser Stelle nachts Licht brennen sollte. Manchmal mußte ich in dem nahgelegenen Dorf Hunderup mit einem kleinen Eimer Buttermilch holen, und wenn dann der Abend hereinbrach, bevor ich wieder zu Hause war, geriet ich kurz vor dem Hügel in Todesangst und fühlte mich erst am anderen Ufer des Flusses wieder ruhig – ich wußte nämlich, daß weder Trolle noch Gespenster über das Wasser kommen konnten.

Die Stimmung meines Vaters wurde immer schlechter, er fühlte sich unglücklich in seiner Stellung und sagte oft, daß man mich niemals zu etwas zwingen dürfe: Auch wenn mein Berufswunsch noch so unvernünftig sei, solle ich doch meinen Willen haben. – Er verfiel nun darauf, in der Bibel zu lesen, und als wir eines Abends mit meiner Mutter zusammensaßen, erklärte er uns, daß er nicht denselben Glauben habe wie wir und alle Nachbarn: Christus sei nur ein Mensch, obgleich ein wunderbarer Mensch, die Bibel sei nicht unmittelbar von Gott, und eine Hölle könne es nicht geben. – Das machte auf uns alle einen entsetzlichen Eindruck. Meine Mutter weinte, und ich hielt meinen Vater für verloren. – »Ich bin ein Freidenker!« sagte er, und nie ist mir ein Wort so durch die Seele gegangen wie dieses. Was es bedeutete, wußte ich nicht recht, doch ich hatte das Gefühl, daß es außerhalb des Gewöhnlichen lag. – Die vernünftige Rede meines Vaters nutzte nichts, und als er eines Morgens aufwachte und am Arm einen schlimmen Kratzer hatte – vielleicht durch einen Nagel oder eine Stecknadel verursacht –, erklärten meine Mutter und die Nachbarin, dieser Kratzer sei vom Teufel, weil mein Vater ihn nicht anerkenne.

Indessen tobte der Krieg in Deutschland. Mein Vater las begierig die Zeitungen, und Napoleon war sein Held. Wir wurden Alliierte der Franzosen, und als die Truppen davonzogen, hielt es mein Vater nicht mehr zu Hause aus – er wollte Napoleon sehen, er wollte in den Krieg. Nun sollten auch die Verstärkungsbataillone aufbrechen, er ging als Freiwilliger mit, war aber gemeiner Soldat und seiner Beförderung im Krieg gewiß. Ich lag gerade mit Masern krank, hatte einen schlimmen Mund und phantasierte heftig. Doch ich erinnere mich deutlich an den frühen Morgen, als ich ihn über mein Bett gebeugt in Uniform und mit Gewehr erblickte; er küßte mir die Lippe blutig und stürzte zur Tür hinaus. – Das war ein Jammer im Hause! Die Nachbarsfrau sagte, mein Vater sei verrückt und laufe nur deshalb weg, um sich für nichts und wieder nichts totschießen zu lassen!

Er kam indessen nur bis Holstein, da war der Krieg zu Ende, die Truppen zogen ab, und mein Vater war wieder Bürger. Doch seine Gesundheit hatte gelitten; eines Morgens bekam er Fieber, phantasierte heftig und sprach von Napoleon und von Feldzügen. Meine Mutter wußte sich keinen anderen Rat, als mich zu einer sogenannten klugen Frau zu schicken, die eine Meile von der Stadt entfernt in Eiby wohnte. Sie versprach auch zu kommen, stellte jedoch zuvor ein paar Kunststücke mit mir an, band mir einen Wollfaden ums Handgelenk und gab mir, wie sie sagte, ein Blatt vom »Baum des Kreuzes Christi«. – »Muß denn nun mein armer Vater sterben?« fragte ich weinend. »Wenn er stirbt«, antwortete sie, »dann wirst du auf dem Heimweg seinem Geist begegnen!« – Sie hätte mich fast zu Tode erschreckt, so entsetzlich war mir zumute. – »Sollen wir nicht einen Doktor holen«, bat ich, als ich zurückgekehrt war. Das aber geschah erst am nächsten Tag, die Krankheit verschlimmerte sich weiter, und am dritten Tag starb mein Vater. – Ich ging gleich hinter dem Sarg, sah, wie der Pfarrer in der Sankt-Knud-Kirche Sand darauf warf, und war tief traurig. Zu Hause jammerte meine Mutter, die alte Großmutter saß nur still und mit feuchten Augen da und seufzte nicht einmal; doch in ihrem bleichen Gesicht war ein sonderbarer Schmerz, der mich ergriff, obwohl ich ein Kind war.

IV

Jetzt war ich also mehr mir selbst überlassen, meine Mutter mußte zusehen, daß sie auswärts das Brot für uns verdiente. Ich kam in die Armenschule, doch sogar hier war etwas, das meinem Geist eine poetische Richtung wies. Das Gebäude war alt, und die Tapete des Klassenraums war rundherum mit Bildern aus der biblischen Geschichte bemalt. Häufig, wenn ich sie anstarrte, träumte ich mich so wundersam in sie hinein, daß ich den Lehrer gar nicht hörte, und wurde oft für meine Abwesenheit beschimpft. Einige Male wollte ich auch den anderen Kindern von meinen Phantasien erzählen, doch als mir dann eins von den größeren entgegnete, daß ich verrückt sei, verstummte ich und hielt mich zurück.

Meine Schulaufgaben konnte ich nur recht mäßig; ich besaß eine ungewöhnliche Auffassungsgabe, lernte schnell auswendig, und weil man das bei mir gelobt hatte, war es mir wichtig, NICHT fleißig zu sein. – Der Sohn der Nachbarin las abends und morgens in seinem Schulbuch, und zwar so laut, daß man es im ganzen Viertel hörte. – »Was ist das für ein dummer Junge«, sagte meine Mutter, »der lernt immerzu; mein Christian, der nimmt nie ein Schulbuch in die Hand und schafft es trotzdem!« – Das war mir genug, ich lernte nur eine Viertelstunde, und zwar erst in der Schule, und dann konnte ich mein Pensum recht gut. Der Lehrer hatte mich sehr gern, und nie hatte ich mit meinen Mitschülern Streit (so habe ich mich als Junge niemals mit einem geprügelt). – Wenn der Lehrer Geburtstag hatte, brachte ich ihm stets einen Blumenkranz und ein Gedicht, worüber er sich dann in der Schule lustig machte – und das war gar nicht schön –, und doch hörte ich nicht damit auf. Er schrieb auch selbst Verse, Kirchenlieder, und ich hielt ihn für einen großen Dichter, denn an lyrischen Dichtungen kannte ich nichts weiter als die Spinnlieder von Bunkeflod.

Bunkeflod war zwar gestorben, doch seine Witwe und seine Schwestern lebten in Odense und wohnten meinen Eltern direkt gegenüber. Auf diese Weise kam ich in ihr Haus, und sie hatten an mir Gefallen. Ich mußte der alten Jungfer vorlesen und Lieder vorsingen, und so fand ich bei ihnen eine Heimstatt, wenn meine Mutter nicht zu Hause war. Die alte Jungfer sprach von ihrem Bruder, dem Dichter, stets mit Begeisterung – ich kannte damals keine anderen Dichter als Holberg und Bunkeflod. Sie schrieb auch selbst Verse, jedoch komischer Art; so hat sie für eine alte Frau, die Sahne verkauft hatte, eine Grabschrift verfaßt. Da bekam ich nun auch Lust, einen Vers zu dichten, und schmiedete einen über »Munkemose« (eine Wiese in der Nähe von Odense), was sich reimte auf »eine Rose« – das ist das einzige, woran ich mich noch erinnere. Anschließend schrieb ich einen über »Die Wolken«.

Nun las ich auch die erste Tragödie, ein Melodram mit dem Titel *Ariadna auf Naxos*; das nächste Stück war *Medea*, und dann folgte Wessels *Liebe ohne Strümpfe*. Es traf sich nun so, daß in diesen Dramen sämtliche Personen am Ende starben, und als ich dann selbst ein Stück schreiben wollte, war ich deshalb in großer Verlegenheit, wie sie allesamt ins Jenseits zu befördern wären. Als Sujet suchte ich mir ein altes Lied über *Pyramus und Thisbe* aus und gab ihm den Titel *Abor und Elvire*. Die Nachbarin, der ich es vorlas, meinte, es müßte »Affen und Oliven« heißen, was mich heftig empörte. Doch meine Mutter tröstete mich und meinte, das habe die Nachbarin nur deshalb gesagt, weil es nicht von ihrem eigenen Sohn geschrieben sei. – Das Stück begann damit, daß Elvire ihren Abor erwartet. Doch weil er nicht kommt, hängt sie zum Zeichen, daß sie hier gewesen, ihre Perlenschnur an eine Hecke und geht ein Stück spazieren. Als Abor dann kommt, glaubt er, Elvire sei von einem wilden Tier getötet, und nimmt sich aus diesem Grund das Leben. Elvire kehrt zurück und sollte eigentlich vor Kummer sterben, doch weil das ganze Stück erst einen Viertelbogen füllte, ließ ich einen Eremiten auf die Bühne kommen. Der erzählt ihr, sein Sohn habe sie im Wald gesehen und sich in sie verliebt. Damit es Elvire rühren sollte und weil ich es nicht besser wußte, ließ ich ihn in lauter Bibelstellen reden, die ich Balles Lehrbuch entnommen hatte. Dann erscheint auch der Sohn, bringt sich aus Liebe um, Elvire folgt seinem Beispiel, und der Alte ruft aus:

»Der Tod senkt sich hernieder
Auf alle meine Glieder!«,

worauf er ebenfalls umfällt. – Dieses Werk gefiel mir ausnehmend gut, und ich las es allen Leuten vor, die ich nur finden konnte.

Nun bekam ich Lust, ein neues Stück zu schreiben, doch ich wollte darin einen König und eine Prinzessin haben. Weil ich mir gar nicht vorstellen konnte, daß diese genau wie andere Menschen sprachen, verfiel ich auf die Idee, ein altes Wörterbuch mit deutschen und französischen Vokabeln zu benutzen, und ließ die königlichen Herrschaften ein Wort auf dänisch, eins auf deutsch und ein drittes auf französisch sagen, so daß etwas ganz Kauderwelsches herauskam. Doch damit glaubte ich es recht erfaßt zu haben, denn Personen von so hohem Rang beherrschten gewiß viele Sprachen, und so war es mir am besten möglich, sie in allen vorzuführen. – Kurz darauf sah ich zum ersten Mal unseren König, als er durch unsere Stadt fuhr. Ich war auf eine Mauer um die Frauenkirche von Odense geklettert und betrachtete ihn mit Ehrfurcht, doch auch mit Verblüffung, weil seine Kleidung gar nicht aus Gold und Silber war. Er hatte einen langen blauen Mantel mit einem roten Samtkragen an.

Ansonsten war ich ein sehr stilles Kind, ging niemals auf die Straße, um mit den anderen Kindern zu spielen, nur mit kleinen Mädchen war ich gern zusammen. Ich erinnere mich noch an eine hübsche Kleine von etwa acht Jahren, die mich küßte und mir sagte, sie wolle meine Liebste sein. Das gefiel mir, und ich ließ es stets zu, daß sie mich küßte, tat es jedoch niemals selbst und erlaubte es niemandem außer ihr. Vor erwachsenen Mädchen oder solchen, die älter als zwölf Jahre waren, hatte ich übrigens einen seltsamen Abscheu, mir schauderte ordentlich vor ihnen, ja, für alles, was ich ungern berührte, hatte ich sogar einen Ausdruck: »Das ist so mädchenhaft!«

Eine kleine Geschichte, die sich vor dem Tod meines Vaters zugetragen hat, darf ich nicht vergessen, denn sie hätte mein ganzes Leben in eine andere Richtung lenken können. Ich habe erwähnt, daß er sich nach einer Veränderung seiner Stellung sehnte, daß er Odense gern verlassen hätte, und auch meine Mutter liebte das Land. Nun geschah es, daß eine Herrschaft, die ein paar Meilen von der Stadt entfernt wohnte, für ihr Gut einen Schuhmacher suchte. Mein Vater bekam Lust, sich um diese Stelle zu bewerben, und beide Eltern redeten davon, als sei die Sache schon entschieden. Ich sollte dann das väterliche Handwerk lernen oder Bauer werden. Das fand ich recht lustig, denn auf dem Lande würde ich einen Garten haben und mich in Wald und Flur tummeln können. Nur eines bedauerte ich dabei: die Plakate der Komödien, die man im Theater von Odense spielte, wären mir dort unerreichbar. Die sammelte ich nämlich wie einen Schatz und hatte mich mit dem Plakatausträger Peter Juncker angefreundet, um sie vollständig zu besitzen. Bald fand ich jedoch eine Möglichkeit, wie ich sie für mich retten könnte: Eine alte Kaufmannswitwe, Madame Lottrup, die alle Plakate erhielt und mich gut leiden mochte, versprach mir, diese für mich zu verwahren, sollte ich die Stadt verlassen. Nun war ich rundum glücklich. Mein Vater meldete sich, aber – ein anderer bekam die Stelle, und zu unserm Leidwesen blieben wir in Odense.

Wäre mein Vater aufs Land gezogen, ich wäre vielleicht noch immer dort und dann vielleicht Soldat geworden.

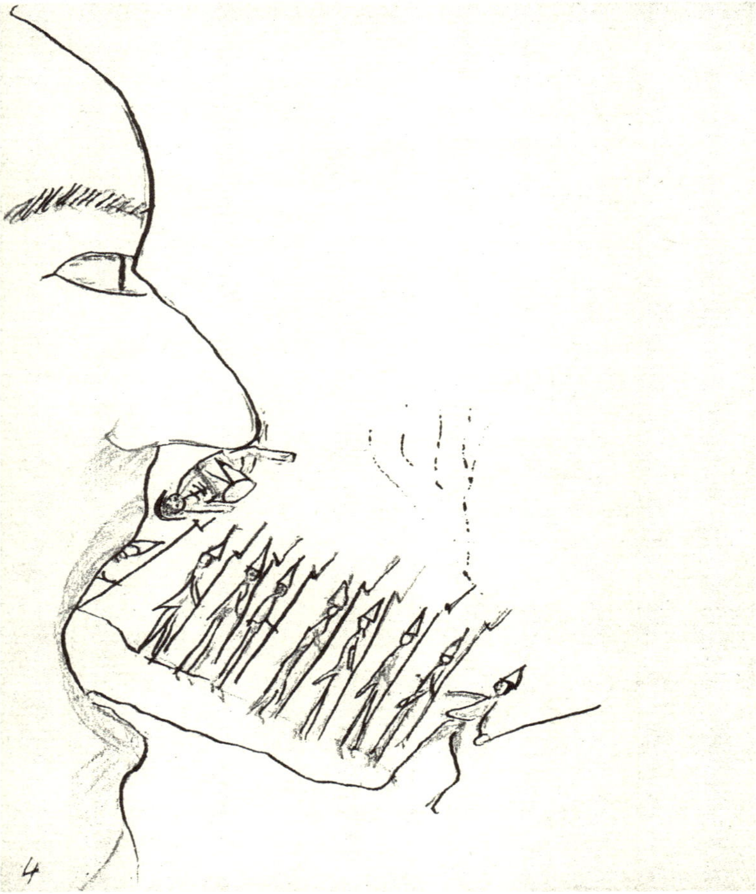
4

Wenn ich dies sage, muß ich erwähnen, daß ich das durch meine Geburt auch beinah geworden wäre. Meine Eltern wohnten an einem Tor, wo alle Häuser zur Verwaltung des nächsten Dorfes gehörten, und Kinder, die dort geboren wurden, mußten Soldaten werden. Nun traf es sich gerade so, daß just das Haus meiner Eltern das erste jenseits dieser Grenze war – eigentlich nichts weiter als eine Wand –, die einen entweder zum Soldatenstand oder zum Bürgerleben bestimmte. Meine Mutter war darüber sehr glücklich, denn sie hatte eine Abneigung gegen Militärpersonen und erschrak heftig, als die Wahrsagerin einmal sagte: Obgleich in den Karten stünde, daß ein großer Mann aus mir würde, könne sie mich in der Kaffeetasse doch mit geschultertem Gewehr erkennen. (Und die Frau hat recht gesehen, das war nach meinem Abitur!)

Der schon erwähnte Plakatausträger Peter Juncker gab mir getreulich von allen Plakaten, bei schlechtem Wetter schenkte er mir sogar ein ganzes Bündel, weil er nicht damit herumlaufen mochte. An diesen Plakaten konnte ich einen ganzen Abend meine Freude haben. Zwar waren mir die Stücke unbekannt, die darauf angekündigt waren, doch aus den Personen erfand ich mir den Inhalt selbst und dachte mir bis ins einzelne aus, welche Kleidung jede haben sollte.

Eines Tages war ich auf dem Markt (der »Flakhaven« genannt wird) und sollte mir ansehen, wie Peter Junckers Frau »mit der Fiedel ging«. Das war damals eine Folter, mit der Frauenzimmer für Klatsch und Lügen bestraft wurden. Soldaten bildeten einen Kreis, in dem die Frau herumlaufen mußte; dabei trug sie ein hölzernes Joch um den Hals, hoch über ihrem Kopf ragte ein Eisenbügel auf, von dem ihr ein langer Fuchsschwanz bis in den Nacken und eine kleine Glocke in die Stirn hing. – Ein schnurriger Zufall wollte es, daß eine zweite Frau, die so boshaft war, in den Kreis um Peter Junckers Frau einen Hund zu hetzen, der ihr in den

Fuchsschwanz beißen sollte, im folgenden Jahr dieselbe Strafe verbüßen mußte.

Die Stellung meiner Mutter war kümmerlich, und als dann der Sohn der Nachbarsfrau in die Kleiderfabrik ging und mit seiner Arbeit wöchentlich ein paar Mark verdiente, wollte sie, daß ich mich ebenfalls nützlich machte. Ich las die ganze Zeit Geschichten, war sehr weich und weinte bitterlich über die Leidensgeschichte Christi und über die geduldige Helene, der man die Hände abgeschnitten hatte und die in einem kleinen Boot auf wilder See ausgesetzt wurde. Ich war nicht im geringsten dafür geschaffen, zwischen die anderen wilden Jungen und Mädchen zu geraten. Eines Morgens brachte mich meine alte Großmutter zur Fabrik, und am Tor weinte sie, küßte mich und sagte: »Hätte dein Vater noch gelebt, dann wäre das nicht geschehen!« – Bei all ihrer Sanftmut und Frömmigkeit besaß sie viel Selbstgefühl, und zuweilen sprach sie davon, daß ihre Großmutter von Stand gewesen sei und daß in Kopenhagen noch ein vornehmer Mann aus ihrer Familie mit Namen Nummesen lebe (vermutlich war es der damalige Theaterdirektor). Diese Großmutter, die Tochter eines reichen Mannes, stammte aus Kassel, hatte jedoch aus Liebe zu einem »Komödianten«, wie meine alte Großmutter sagte, ihre Eltern verlassen und war schließlich in Armut geraten.

In der Fabrik, in die ich nun kam, mußten die Kinder für die Gesellen singen, und als ich begann, wurden alle aufmerksam und lobten meine Stimme. Da sagte ich, daß ich so viel von Holberg auswendig könne, rezitierte es, und obwohl es sehr rohe Burschen waren, gewann ich sie doch sofort durch meinen Vortrag. Sie wollten mehr von mir hören, verteilten meine Arbeit auf die anderen Kinder, und dann unterhielt ich sie wie auch mich selbst. – Am nächsten Tag sollte ich aber doch etwas lernen und wurde an ein Spinnrad gesetzt. Alle Augenblicke riß der Faden, derweilen die Gesellen lustig ihre schamlosen Lieder sangen – ich wurde rot wie Blut und fing zu weinen an, ich war so unschuldig! Zuerst lachten sie mich aus und sagten, ich sei ein Mädchen, dann erlaubten sie sich einen äußerst rohen Spaß, *hoc exquirendo*, und so flehte ich meine Mutter weinend an, diese Fabrik verlassen zu dürfen. – Sie sagte dazu, es sei nicht um des Geldes willen, daß sie mich dort haben wolle. »Aber ich bin am Tage nicht zu Hause und weiß nicht, was du treibst und wo du bist, und deshalb ist mir daran gelegen, daß du dich an einem bestimmten Ort aufhältst.« – Indessen wollte sie mir diese Arbeit doch erlassen und versuchen, mich bei Ørnstrup, einer Tabakfabrik, unterzubringen, wo es nur einen Gesellen gab, dem ein paar brave Lehrburschen halfen.

So kam ich also zwischen lauter Tabakpflanzen, sah, wie sie zu Kautabak und Schnupftabak verarbeitet wurden, und wurde selbst sehr gut behandelt. Auch hier hatte ich mit meiner Stimme Erfolg, die Leute kamen sogar in die Fabrik, um mich singen zu hören, und am schnurrigsten dabei war, daß ich ein rechtes Lied gar nicht konnte, sondern sowohl Text als auch Melodie improvisierte, und beides überaus kunstvoll und schwierig. – »Er sollte zum Theater!« sagten alle – und diese Idee setzte sich bei mir fest. – Nun wurde ich aber krank, und meine Mutter glaubte, der Tabak sei mir auf die Brust geschlagen – was jedoch nicht der Fall war, denn diesbezüglich war ich immer kräftig gewesen; so ließ sie mich nicht mehr dorthin gehen und sagte, sie habe Angst, ich könnte daran sterben.

Nun war ich, lang und groß und gewiß elf Jahre alt, ganz mir selbst überlassen. Ich hatte damals sehr blondes, fast weißes Haar und so kleine Augen, daß die Leute glaubten, ich sei blind. Ein kurzer grauer Mantel und Holzschuhe, das war meine gewöhnliche Kleidung, am Sonntag trug ich eine Jacke und richtige Schuhe. Diese Schuhe waren entsetzlich groß; aber mein Fuß wuchs noch, wie man sagte, und deshalb durften sie nicht zu klein sein. Ich verschlang sämtliche

Bücher, die ich nur auftreiben konnte – ich las alles. Sobald ich hörte, daß jemand Bücher hatte, ging ich dorthin, auch wenn ich die Leute gar nicht kannte. So meldete ich mich bei einer Frau Saxtorph, die in unsrer Straße wohnte. Sie wunderte sich zwar über das Verlangen des fremden Jungen, lieh mir aber doch ein Buch, und weil ich sehr ordentlich damit umging, gab sie mir alle Bücher, die sie besaß. Solcherart las ich Shakespeare in Rosenfeldts Übersetzung, und er regte meine Phantasie in einer Weise an, daß er mir noch besser gefiel als Holberg; ja, und Bunkeflod fiel natürlich glatt durch. Viele Szenen lernte ich auswendig, und als ich bald darauf im Theater *Das Donauweibchen* sah, spielte ich auch dieses Stück, obgleich ich keine anderen deutschen Worte kannte als »Schwester« und »Bruder«. – Diese Oper gefiel mir ganz besonders, ich dachte mir selbst etwas Kauderwelsch-Deutsch aus, legte mir die Schürze meiner Mutter um die Schultern und war bald Ritter Albrecht, bald darauf schwamm ich auf einem Schemel als Donauweibchen. Meine Mutter, die alle diese Szenen sah, erschrak und glaubte häufig, ich müsse verrückt sein, weshalb sie mir solche Spiele verbot. – Dann kam Casortis Truppe nach Odense, tanzte auf dem Seil und führte Pantomimen auf, genauso wie hier in Vesterbro. Als ich dann zu Hause einmal das ganze Stück *Harlekin der Prügelmeister* tanzte, schimpfte meine Mutter: »Wenn du dir diese Flausen nicht abgewöhnst, bringe ich dich zu Casorti, und da bekommst du nichts weiter als Öl zu essen, damit dein Körper geschmeidig wird!« – Aber das schreckte mich nicht; ich antwortete, genau das solle sie tun, ich hätte große Lust, auf dem Seil zu tanzen. – Darüber geriet meine Mutter in Verzweiflung und drohte mir Prügel an, falls ich nicht mit alledem aufhörte.

Ich las eine ganze Menge Biographien von berühmten Männern, die auf mich einen wunderbaren Eindruck machten. Meine Phantasie, im Hinblick auf das Märchenhafte, war geweckt, ich stellte mir das Leben selbst wie ein Märchen vor und freute mich schon, daß auch ich einmal als Held darin auftreten sollte. – Der wunderliche Zug in meinem ganzen Wesen, der mich von den anderen Kindern meines Standes unterschied, meine Leselust und meine schöne Stimme, all das erregte die Aufmerksamkeit der Leute. Im Sommer saß ich abends häufig im kleinen Garten meiner Eltern. Er war am Fluß gelegen, direkt gegenüber trieb das schäumende Wasser das Mühlrad an, hinter dem Erlengebüsch konnte ich den Nonnenhügel sehen, von dem ich jedoch durch das Wasser getrennt war – und damit auch von den Trollen; drüben in der Mühle liefen die Gesellen hin und her, Bauern fuhren über die Brücke – kurz, es war ein schönes Gemälde. An den Garten meiner Eltern grenzte der von Justizrat Falbe, und ganz in der Nähe stand die alte Sankt-Knud-Kirche. Wenn nun am Abend die Glocken läuteten, saß ich versunken in wunderliche Träume da, blickte das Mühlrad an und sang meine Improvisationen. Oft hörten die Fremden in Falbes Garten zu (die Frau des Hauses war die bekannte schöne Jungfer Bech, welche in Kopenhagen in *Herman von Unna* die Ida gespielt hatte); oft merkte ich, daß ich hinter dem Plankenwerk Zuhörer hatte und fühlte mich geschmeichelt. – So wurde ich bekannt, und die Leute ließen mich nun zu sich kommen, um, wie sie mich nannten, »die kleine Nachtigall von Fünen« zu hören. – Ich war so ungeheuer kindlich, alle mochten mich leiden! – Eines Abends wurde ich zu Bischof Plum geholt. Dort war auch Oberst Guldberg, er hörte mich staunend an, entdeckte an mir etwas Ungewöhnliches und lud mich zu sich ein. Alle hatten mich gern, und ich fühlte mich sehr glücklich.

V

Meine Mutter hatte nun auf dem Schloß zu tun bekommen, dadurch gelangte auch ich dort hinein und spielte auf dem großen Hof manchmal mit Prinz Frits, der damals ein Kind war. Als ich an einem Rosenmontag zusammen mit mehreren anderen bürgerlichen Kindern die Katze von der Tonne schlug, saß Prinz Christian mit einigen der Herren auf der Treppe, und die Prinzessin stand am Fenster. Ich trug eine alte Offiziersschärpe um den Leib und bildete mir deshalb ein, von allen am meisten aufzufallen. – Hiernach kam ich Prinz Christian näher. Guldberg hatte ihm von mir erzählt, da wollte er mich nun gern sehen, und ich sollte ihn einmal besuchen. – »Wenn dich der Prinz fragt, wozu du Lust hast«, wurde mir zugeflüstert, »dann sag ihm, du möchtest gern studieren!« – Ich ging zu ihm, spielte ihm einige Szenen von Holberg vor, sang etwas Improvisiertes, und als er mich fragte, ob ich Gefallen an der Bühne hätte, gestand ich das ganz offenherzig ein, fügte jedoch hinzu, die Leute hätten mir geraten, ich sollte SAGEN, ich wolle studieren. – Übrigens fand der Prinz keins von beidem für mich passend, sondern riet mir, ALS ARMEM KIND, lieber einen hübschen Beruf zu lernen, zum Beispiel Drechsler. – Aber dazu hatte ich keine Lust. »Sagen Sie mir Bescheid, wenn Sie sich dafür entscheiden, dann werde ich an Sie denken!« – Darüber war ich gar nicht froh und habe dann nicht mehr mit ihm gesprochen. Er dagegen hat mich bei Colbiørnsens oft erwähnt, und als er in diesem Sommer (1832) das Hospital besichtigt hat, verlangte er meine alte Mutter zu sehen und sagte zu ihr: »IHR SOHN MACHT IHNEN GROSSE EHRE!«, was sie natürlich in der Seele freute, vor allem deshalb, weil es ihre Umgebung hörte.

Ich war nun dreizehn Jahre alt, meine Mutter wollte mich konfirmieren lassen, denn ich war lang und groß, und die

Leute sagten, es schicke sich nicht, daß ich noch zu Hause herumlief. Indessen hatte sie Lust bekommen, noch einmal zu heiraten, und zwar einen Freund meines Vaters, auch einen Schuhmacher, und die Hochzeit fand statt. Er war ganz anders als mein Vater und entsprach vollkommen meiner Mutter, was Charakter und geistige Entwicklung betraf. – Mich behandelte er gut, wollte sich jedoch in keiner Weise in meine Erziehung einmischen, denn die Leute sollten ihn nicht für einen »bösen Stiefvater« halten. So blieb für mich im Grunde alles unverändert, nur die arme Großmutter fühlte sich fremder im Haus. Ich war das Band, das sie dort hielt, und oft weinte ich über ihren stillen Schmerz, denn vor Kummer wurde sie auf einmal alt. Es war schon seltsam: Die alte Frau hatte prachtvolle braune Haare und dazwischen kein einziges graues gehabt, und innerhalb eines Monats wurden sie alle ganz hell.

Meine Mutter wollte mich zu einem Schneider in die Lehre schicken, denn für etwas anderes auf der Welt war ich zu schmächtig. Dagegen schlug die alte Großmutter vor, ich sollte lieber in ein Kontor als Schreiber gehen – das sei doch ein bißchen vornehm! – Wie ich fand, sprach für das Schneiderhandwerk einzig und allein, daß ich dabei eine Menge bunter Lappen für mein kleines Puppentheater bekommen könnte.

Indessen wurde ich zum Konfirmandenunterricht zugelassen, obwohl ich kaum älter als dreizehneinhalb Jahre war. – Auch hier kam meine Eitelkeit zum Vorschein. Die Konfirmanden der Sankt-Knud-Kirche konnten entweder bei Kaplan Wiberg oder bei Stiftspropst Tetens (jetzt Bischof auf Ærø) zum Unterricht gehen. Doch zum Stiftspropst gingen nur die Lateinschüler und die vornehmsten jungen Mädchen, deshalb standen seine Kinder immer zuoberst. Weil ich nun die Konfirmanden des Kaplans übertreffen wollte, ging ich zum Propst und war also der einzige, der auf gleicher Stufe mit den Lateinschülern stand. Tetens mußte mich wohl oder übel annehmen, doch es mißfiel ihm, daß ich mich mit einem andern Stand als dem meinen vermischte, wie mich ein paar kleine Dinge, an die ich mich erinnere, heute wohl empfinden lassen. Als ich in jener Zeit, da ich seinen Unterricht besuchte, eines Abends bei Apotheker Andersen einige Szenen von Holberg rezitiert hatte, rief er mich einmal sogar privat zu sich, machte mir wegen dieser Unschicklichkeit heftige Vorwürfe und drohte, falls ich meine Aufgaben nicht ordentlich könnte, mich von der Konfirmation zurückzustellen. Als ich ihm ganz kindlich meine Liebe zum Theater offenbarte, entgegnete er zornig, WAS ICH DA REDETE, SEI WIRRES ZEUG. – Ich fühlte mich unglücklich, hatte das Vertrauen zu ihm verloren, er behandelte mich zu streng, denn er kannte mich nicht.

Kurz bevor ich mit dem Konfirmandenunterricht begonnen hatte, waren übrigens die königlichen Schauspieler in der Stadt gewesen und hatten große Opern aufgeführt: *Cendrillon, Azemia, Der Apotheker und der Doktor, Zemire und Azor*, ja sogar *Hagbarth und Signe* und *Axel und Valborg*. Es war eine vorzügliche Gesellschaft, deren Darbietungen ich so gern gesehen hätte – wie aber sollte ich hineingelangen? Die Lust machte mir Mut, ich ging zu ihnen und erzählte, wie sehr ich mich nach dem Theater sehnte und daß ich noch lieber mitspielen wollte. – Sie ergötzten sich an meiner Naivität, vor allem Enholm und Haack schenkten mir Beachtung und meinten, ich könne jeden Abend hinter die Kulissen kommen und solle in *Cendrillon* einen Pagen darstellen (jenen, der die eine Replik hat). Ich war als erster von allen zur Stelle, zog mir die roten Seidenkleider an, sagte meine Replik und bildete mir ein, das ganze Haus hätte nur Gedanken für mich.

Zu Ostern sollte ich nun konfirmiert werden. Ich bekam das erste Paar Stiefel meines Lebens, eine Frau nähte mir aus einem braunen Mantel meines verstorbenen Vaters einen Rock, und ich fand mich ungemein hübsch. Damit auch alle Leute sehen sollten, daß ich Stiefel anhatte, ließ ich die Beinkleider in die Schäfte stecken und spreizte mich nun sehr. Obwohl mein Herz aus heiliger Ehrfurcht vor Gott klopfte und obwohl ich fromm und unschuldig war, erfüllten doch viele weltliche Gedanken meine Brust, Gedanken an meine knirschenden Stiefel, meine große Hemdkrause, die ich selbst häßlich und sündig fand, so daß ich den lieben Gott darum bat, mir deshalb nicht böse zu sein.

Nun sollte ich aus dem Haus und nach dem Willen meiner Mutter das Schneider- oder Buchbinderhandwerk erlernen. Ich brach in Tränen aus, erzählte ihr, was ich von den vielen berühmten Männern gelesen, wie sie in der Welt vorangekommen, und flehte sie an, sie möge mich doch nach Kopenhagen reisen lassen, denn ich wollte Schauspieler werden. Ihr Einwand, ich würde dort keine Seele kennen und auch sonst keine Hilfe haben, nützte nichts. Ich erinnerte sie an den Orakelspruch der Wahrsagerin und wiederholte, was mein verstorbener Vater so oft gesagt hatte: daß man mich niemals zu irgend etwas auf der Welt zwingen sollte und daß ich werden dürfte, was ich wollte! – Da konnte sie nicht länger widerstehen. Sie selbst hatte Fünen niemals verlassen, war ohne jede Vorstellung von der Welt und ließ sich nun von mir überreden. Als die Leute zu ihr sagten, daß sie das Ganze für eine Tollheit hielten – was es auch war –, entgegnete sie: »Ja, aber er läßt mir keine Ruhe, soll er doch reisen – er wird schon wieder umkehren, wenn er bei Nyborg das Wasser sieht!« – Mein Stiefvater wollte sich in die Sache nicht einmischen, und so verging einige Zeit, bis sie mir die Reise erlaubte.

Nun war gerade eine Schauspielerin, Jungfer Hammer (die in der Wedelschen Truppe gewesen war), eingetroffen, um in Odense eine Vorstellung zu geben, wobei ihr die Dramatische Gesellschaft helfen wollte. Unser Komiker Foersom, zu jener Zeit Schreiber im Kontor des Landrats, war einer der ersten Akteure und hat mich, weil er mich kannte, als kleinen Jungen häufig mit hinter die Kulissen genommen. Eines Tages erzählte er mir, daß eine neue Jungfer auf der Bühne spielen sollte. Ich sah sie schon als meine Kunstschwester an, ging zu ihr und wurde freundlich von ihr empfangen. – Sie war ein äußerst simples Frauenzimmer und, wie mir später aufging, lasterhaft in hohem Grade. Als sie die Komödie *Der verpfändete Bauernknecht* (der Knecht war Foersom) spielte, bekam ich die Rolle des Postillons und war selig. – Ich besuchte Jungfer Hammer jeden Tag; sie nutzte mich aus, ließ sich von mir eine Menge Liebesbriefe besorgen, was ich jedoch erst begriff, als ich selbst Zeuge ihrer Leichtfertigkeit geworden war, und machte sich über mein kindliches Gemüt und meine Unschuld lustig. Und, o Gott, ich war nicht älter als vierzehn Jahre, meine Seele war so unschuldig und rein! Ich vergoß Tränen über ihr Betragen; und doch konnte ich sie nicht verlassen, denn als ihr zu Ohren gekommen war, daß ich mich allein nach Kopenhagen wagen wollte, hatte sie mir als ihrem Begleiter freie Reise angeboten und mir versprochen, mich in Kopenhagen ihrer Freundin, der Tänzerin Jungfer Diederichsen (jetzt mit Repetitor Funk verheiratet) zu empfehlen. – Meine Mutter freute sich darüber sehr, ging zu ihr, bedankte sich und wusch zum Beweis für ihre Dankbarkeit einen Monat lang ihre ganze Wäsche. Doch Woche um Woche verging, ohne daß aus der Abreise etwas wurde; Jungfer Hammer hatte in Odense Schulden gemacht und konnte die Stadt nicht verlassen.

»Willst du reisen, dann sollst du auch reisen!« sagte meine Mutter, und so beschloß ich, genau wie die Helden der vielen Märchen, die ich gelesen, ganz allein hinaus in die Welt zu ziehen. Ich war ganz ruhig, denn ich vertraute blind auf unsern Herrn – der würde sich schon meiner annehmen. In den Komödien und Geschichten ging es ja allemal gut. Meine Sparbüchse, die ich nun zerschlug, enthielt dreizehn Reichstaler, die ich in einem ganzen Jahr gesammelt hatte.

Soviel Geld hatte ich noch nie gesehen! Ich fühlte mich reich und glücklich.

»Aber kennst du denn gar keinen Menschen in Kopenhagen?« fragten mich die Leute, denen ich von meiner Reise erzählte. »Nein, überhaupt keinen!« – Sie rieten mir, wenigstens ein Empfehlungsschreiben mitzunehmen – doch woher sollte ich das bekommen? Familie Guldberg war verreist und in Norwegen, Holstein, Seeland verstreut, einen anderen Beistand hatte ich nicht. Nun wußte ich aber, daß der alte Buchdrucker Iversen die meisten Schauspieler in Kopenhagen kannte, und obwohl er mir vollkommen fremd war, faßte ich Mut und suchte ihn eines Sonntagnachmittags auf. Der alte Mann hörte mich freundlich an, sagte jedoch, daß ein solches Wagnis unklug sei und niemals zu etwas führen würde; er bat mich, Vernunft anzunehmen und ein Handwerk zu erlernen. – »Das wäre wirklich schade!« antwortete ich, und die Familie Iversen hat mir diese meine Worte als ein wahres Orakel später häufig wiederholt. – Da mich der alte Mann von meinem Entschluß nicht abbringen konnte, versprach er, mir einen Brief mitzugeben. »Aber an wen im Theater wünschen Sie, daß ich ihn schreibe?« fragte er. Ich hatte nun gehört, daß die Tänzerin Madame Schall eine Frau von Einfluß sei; er versprach mir auch, an sie zu schreiben, und dann bekam ich den Brief.

Zur gleichen Zeit wollte eine Madame Hermansen, die sich kurze Zeit in Odense aufgehalten hatte (sie war die Amme von Prinz Ferdinand gewesen) nach Kopenhagen reisen. Meine Mutter, für die sie der einzige Mensch war, den sie kannte, obgleich nur von Angesicht, bat sie unter Tränen, doch unterwegs ein wenig nach mir zu sehen, denn ich sollte als blinder Passagier mit der Post fahren, was drei Reichstaler kostete. – Als ich zum Tor hinausging, kam meine alte Großmutter, sie hatte Tränen in den frommen blauen Augen und sah mich starr an, sagte jedoch kein Wort. – Ich habe sie niemals wiedergesehen. Sie ist gestorben.

Nun rollte ich mit zehn Reichstalern – drei hatte ja die Post bekommen – in die Welt. Da ich noch nie eine Meile östlich von Odense gewesen war, stimmte mich die Abwechslung bald froh. Ich traf in Nyborg ein und sah das Meer; erst als das Schiff ablegte, wurde mir ums Herz beklommen, es war, als segelte ich nun in die weite Welt hinaus. In Korsør angekommen, ging ich hinter ein Haus, kniete nieder, flehte den lieben Gott um Hilfe an und weinte bitterlich. Dann aber wurde ich wieder munter, fuhr bei Nacht durch die Ortschaften und erreichte Slagelse, ohne mir davon träumen zu lassen, daß man mich dort ein paar Jahre später auf die Lateinschule schicken würde.

Am Montagmorgen, dem fünften September 1819, just an jenem Tag, als die Theatersaison begann, sah ich zum ersten Mal Kopenhagen. Als ich bei Frederiksberg erstmals die Türme erblickte, denen meine heftige Sehnsucht galt, brach ich in Tränen aus und fühlte, daß ich jetzt niemanden hatte als Gott im Himmel.

Zweiter Abschnitt

I

Nicht einen Menschen kannte ich in der ganzen großen Stadt; mit einem kleinen Kleiderbündel, eingehüllt in ein Tuch, wanderte ich zum Stadttor Vesterport hinein. Einige der Reisenden zogen in den Gasthof »Gardergaard« an der Vestergade; dorthin ging ich auch, gab meinen Paß ab, nahm mir ein kleines Zimmer und war nun, wie ich fand, am Ziel meiner Wünsche. Ich hatte wohl das Gefühl, daß mir noch einige Drangsal begegnen würde, bevor alles gut ginge; doch ich besaß ein festes Gottvertrauen und beschloß, den ersten Tag recht zu genießen, das heißt, mich nicht im geringsten zu sorgen, sondern mich ein wenig in den Straßen umzusehen. – Am Abend vor meiner Ankunft war die »Judenfehde« ausgebrochen, die ganze Stadt war in Bewegung. Es war fast unmöglich, sich durch die Østergade zu arbeiten, und die Erwartungen, die ich mir von der Menschenmasse gemacht hatte, wurden solcherart erfüllt. Ansonsten verstimmten mich die Unruhen ziemlich, ich war so allein, und das in einer völlig fremden Stadt. Als ich ein paar Frauen, die Blumen ausriefen, nach dem Weg zum Theater fragte, wiesen sie mich die Østergade hinunter. Da stand ich nun vor jenem Ort, der mir so sehr am Herzen lag. Ich ging um das Gebäude herum, betrachtete es von allen Seiten und bat recht herzlich den lieben Gott um Hilfe, damit ich in dieses Haus gelangen und ein guter Schauspieler werden könnte.

Wie ich so ging, näherte sich mir ein Eckensteher, der Theaterbilletts verkaufte. Da er annahm, daß ich eins haben wollte, fragte er mich, ob ich eine Einlaßkarte wünschte. Ich begriff gar nicht, was er meinte, sondern glaubte, das sei ein Geschenk, und sagte ja. Als er nun mehrere Plätze nannte und mich nach meinen Wünschen fragte, entgegnete ich, das hinge ganz von seiner Güte ab. Doch jetzt wurde er wütend, schimpfte mich einen »langen Lümmel«, der sich über ihn lustig machen wolle, und da lief ich ganz erschrocken davon.

Am nächsten Tag putzte ich mich nach Kräften heraus, zog mir den langen braunen Konfirmationsrock an, den die Schneidersfrau genäht hatte, versah mich mit einer großen Halskrause und einem Hut, der mir fast in die Augen fiel, und so ausstaffiert, wanderte ich die Bredgade hinunter, um bei der Solotänzerin Madame Schall meinen einzigen Empfehlungsbrief abzuliefern. – Ich mußte lange im Treppenaufgang warten, bis man mich endlich einließ und mir Audienz gewährte. Madame Schall betrachtete mich und hielt mich, wie sie mir später erzählt hat, für ein bißchen verrückt, denn auf ihre Frage, ob ich Talent für die Bühne hätte, erbot ich mich, ihr eine Szene vorzuspielen, und wählte dafür die Rolle der Anine in *Cendrillon*. Diese Rolle hatte zwar großen Eindruck auf mich gemacht, doch hatte ich das Stück nur zweimal im Theater von Odense gesehen, es weder gelesen noch eine Melodie daraus gelernt. – So improvisierte ich Text und Musik, und um die Tanzszene mit dem Tamburin (»Was will Reichtum wohl sagen?«) noch besser auszuführen, stellte ich meine Schuhe in einen Winkel und tanzte auf Socken. – Madame Schall konnte mir natürlich keine große Hoffnung machen! Ich weinte und erzählte ihr, wie groß mein Verlangen nach dem Theater sei – ich wolle gern Botengänge für sie machen und mich mit allem begnügen, und wenn es noch so einfach wäre, nur um bei ihr Unterstützung zu finden. – Eine Mahlzeit hin und wieder bot sie mir an (ich habe jedoch niemals Gebrauch davon gemacht). – »Ich will mit Bournonville darüber sprechen, ob man Sie beim Ballett einstellen kann«, waren ihre Worte beim Abschied, und dann ging ich weinend davon.

Mein nächster Besuch galt Professor Rahbek im »Bakkehus«, doch der gab mir auch keinen Trost. Der alte Iversen hatte ihm zwar einen Brief in meiner Angelegenheit geschrieben, doch er wußte nichts Besseres, als mich an Holstein, den Chef, zu verweisen. Ich wartete bis zum nächsten Tag und ging dann zu ihm. Holstein hatte schon vor einem halben Jahr einen Brief von Oberst Guldberg wegen mir bekommen, doch als er mich jetzt sah, versicherte er mir, daß ich keinerlei Aussicht hätte, beim Theater anzukommen: Ich sei zu mager, hätte keine Figur, würde auf der Bühne Gelächter erregen. Außerdem wünsche man sich nur gebildete junge Menschen. – Ich wurde von Verzweiflung gepackt. Ich fragte ihn, ob ich denn nicht beim Ballett anfangen könne. – Nein, vor Mai bestehe überhaupt keine Möglichkeit für eine Aufnahme – »und was soll Ihnen das auch helfen, Gage können Sie doch nicht gleich bekommen, wo Sie noch gar nicht zu gebrauchen sind.« – Gott im Himmel, erst im Mai! Und jetzt hatten wir September; außerdem schmolz mein Vermögen, das nur aus einigen wenigen Reichstalern bestand, mit jedem Tag mehr zusammen. – Mir wurde recht traurig zumute, ich fühlte mich von Gott und aller Welt verlassen.

Dann sprach ich mit Madame Hermansen, mit der ich zusammen nach Kopenhagen gereist war, und sie riet mir, mit der nächsten Schiffsgelegenheit nach Odense zurückzufahren. – Nein, lieber will ich sterben! dachte ich. Wenn ich heimkehre, wenn alle meine hochfliegenden Träume auf solche Weise enden, dann mache ich mich vor den Menschen meiner Umgebung lächerlich. – Niemand war da, der mir Mut oder Trost zusprach, ich war ganz verlassen, ein richtiges Kind, fast hätte ich sogar den Tod gesucht. Doch als ich ordentlich darüber nachdachte, erschien mir das wie eine Sünde, und diese Vorstellung brachte mich dazu, daß ich mich fester an Gott anklammerte und glaubte, er müsse mir doch helfen!

Im Theater war ich noch nicht gewesen; es zog mich unwiderstehlich an, obwohl ich nur noch einige wenige Schillinge hatte. Man gab gerade das Singspiel *Paul und Virginie*. Ich kaufte mir ein Billett für die Galerie, ging schon um drei Uhr nachmittags zur Tür, saß dann aber nur in der zweiten Reihe. – Wie glücklich ich war! Alle meine Sorgen, meine unglückliche Stellung waren vergessen. – Das Stück ergriff mich zutiefst. Ich glaubte darin einige Ähnlichkeit mit mir selbst zu finden: Paul, meinte ich, glich mir, und Virginie war für ihn, was für mich das Theater war. Deshalb brach ich in ein entsetzliches Schluchzen aus, als man im zweiten Akt Paul gewaltsam von Virginie trennte – mir erging es ja genauso, auch mich wollte man gewaltsam von dem mir Liebsten, dem Theater, trennen. – Die Leute in meiner Umgebung wurden auf mein heftiges Weinen aufmerksam, schenkten mir Äpfel und redeten mir freundlich zu. – Ich fand alle, mit denen ich zusammensaß, so nett, gut und vortrefflich; ich wußte nicht das Geringste von der Welt und erzählte daher völlig naiv der ganzen Loge in der Galerie, wer ich sei, wie ich hierher gereist und welch ein Unglück es für mich bedeute, beim Theater nicht anzukommen, daß es mir genauso gehe wie Paul auf der Bühne. Die Leute sahen mich verwundert an und tuschelten. – Das glückliche Ende des Stücks ergriff mich genauso heftig; ich wurde von Mut und Lebenslust erfüllt und glaubte, es könne mir gar nicht anders als gut ergehen!

Indessen wurde meine Hoffnung durch einen weiteren Besuch bei Holstein und Madame Schall erheblich erschüttert, doch mein Entschluß, nicht nach Odense zurückzukehren, stand fest. Dort angekommen, müßte ich ein Handwerk erlernen – warum dann nicht genausogut hier in Kopenhagen in die Lehre gehen? – Wenn ich dann in sechs, sieben Jahren Geselle werde, kann ich mich beim Theater melden, dann bin ich sicher fett genug, dachte ich bei mir selbst. – Also ging ich zum Adreßbüro, kaufte dort eine Zeitung und las sie durch, um zu sehen, ob nicht irgend jemand einen Lehrjungen suchte. – Es war mir egal, welches Handwerk ich erlernte, ich hatte gleichviel Lust zu allen.

Ein Tischlermeister Madsen war der einzige, den ich fand, und so wanderte ich nun zu ihm in die Borgergade. – Er schien ein recht vermögender und ehrbarer Mann zu sein. Ich erzählte ihm, daß ich aus Odense sei, keine Bekannten in Kopenhagen hätte, nun gern Tischler werden wolle und ihn bitte, mich anzunehmen. – Von meiner Theaterlust sagte ich nichts, denn ich hielt es für eine Schande, daß ich dort nicht angekommen war. – Er bat mich, Atteste aus meiner Heimat zu beschaffen, und versprach mir dann die Stelle; doch ich sollte ihm neun Jahre lang als Lehrjunge dienen, und in dieser Zeit wollte er mich mit Kleidung und allem versorgen. – Als ich äußerte, daß ich gar nichts zum Leben hätte (mein Vermögen war auf sieben Mark zusammengeschmolzen), bot er mir edlerweise an, daß ich sogleich einziehen und solcherart ausprobieren könne, ob ich auch Kraft und Lust zum Handwerk hätte.

Am nächsten Morgen um sechs Uhr ging ich dorthin und geriet nun unter die anderen Lehrjungen und Gesellen. Sie führten ein höchst unanständiges Gespräch, und ich genierte mich dabei so sehr, daß sie es merkten, und da ging es mit der Hänselei los. – Ich wurde ganz traurig. Die Welt war doch überhaupt nicht so, wie ich mir vorgestellt hatte! – Dann mußte ich helfen, ein paar Stühle in die Stadt zu tragen. Vor einem Haus machten wir halt, und die beiden anderen Lehrjungen gingen ein Mädchen besuchen – aus ihrer Familie, wie sie sagten –, während ich draußen bei den Sachen stand. – Als wir unseren Bestimmungsort erreichten, fand ich dort zu meiner nicht geringen Überraschung die Familie von Stiftspropst Tetens, der mich seinerzeit konfirmiert hatte. Die Frau des Hauses erkannte mich und nickte mir freundlich zu; dies allein reichte jedoch aus, um die Erinnerung an all meine schönen Träume und Hoffnun-

5

gen, die ich bei unserer letzten Begegnung noch hatte, in mir wachzurufen. – Weinend wanderte ich nach Hause, und als dort die rohe Lustigkeit, die mir so völlig fremd war, nicht aufhören wollte, ging ich verzweifelt zum Meister und sagte ihm, ich sei für dieses Handwerk nicht geeignet, halte es an diesem Ort nicht aus und wolle ihm Lebewohl sagen. – Er versuchte mir mit ein paar freundlichen Worten Mut zu machen; doch ich hatte meinen Entschluß gefaßt: Ich wollte mich mit einem Schiffer auf die Heimreise machen, in der sicheren Erwartung, daß unterwegs das Schiff schon untergehen werde und daß mir der liebe Gott ein solches Ende bestimmt habe.

Als ich hinunter auf die Straße kam und in meine Herberge zurückging, wurde ich mir der Möglichkeit bewußt, daß dieses Schiff vielleicht doch nicht meinetwegen unterginge, daß ich dann wirklich nach Hause müßte! – Ich kniete in meinem Zimmer nieder, betete verzweifelt zu Gott im Himmel und flehte ihn um Hilfe an. Ich hatte den Glauben, daß er alles konnte, und das Gefühl, nie etwas Böses getan zu haben. – Da durchfuhr mich der Gedanke, daß ja noch keiner vom Theater meine Stimme gehört hatte, die doch alle in Odense lobten. – Wie ich in den Zeitungen der Insel Fünen gelesen hatte, war in diesem Jahr dort Siboni angestellt worden. Ich fand seine Adresse heraus und ging klopfenden Herzens zu ihm in die Vingaardsstræde. Mir ist noch deutlich in Erinnerung, daß ich auf der Treppe niederkniete und erst ein Gebet sprach, wobei ich aber große Angst davor hatte, daß jemand eine Tür öffnen und mich in dieser Stellung entdecken könnte. – Es war nachmittags um vier. Siboni hatte Gäste, und unter diesen waren auch der Dichter Baggesen und der Komponist Weyse. – Eine Hausmamsell, die Dänisch sprechen konnte, machte mir auf, und ich erzählte ihr ganz offenherzig meine Geschichte und was mein Wunsch sei. Wahrscheinlich berichtete sie dies drinnen weiter, denn die Leute kamen herausgestürzt, um mich als Kuriosität zu besichtigen. Man war beim Essen, als ich eintrat; Baggesen nahm meine Hand, fragte mich, ob ich mich vor etwas fürchtete, was man Rezensenten nenne, forderte mich zum Singen auf, und nun trug ich ihnen eine Arie aus *Die Liebe auf dem Lande* vor (welche ich bei Jungfer Hammer in Odense gelernt hatte): »Nein, kein Mädchen!« – Sie applaudierten mir vergnügt, und ich bildete mir ein, ihre Bewunderung sei echt. – Siboni ließ mir sagen, ich solle an einem der folgenden Tage wiederkommen. – Beim Hinausgehen erzählte ich der Mamsell, daß mein ganzes Vermögen nur noch sieben Mark betrage, und fragte sie, ob sie denn glaube, daß ich jetzt Sänger am Theater würde und eine Gage bekäme. – Darauf konnte sie mir keine Antwort geben, sie riet mir jedoch, am nächsten Morgen Professor Weyse aufzusuchen, denn er sei derjenige von ihnen allen, sagte sie, der mit der größten Anteilnahme von mir gesprochen habe.

II

Am nächsten Morgen stattete ich Weyse meinen Besuch ab – und welche Wonne: Er hielt siebzig Reichstaler für mich bereit, die man zusammengelegt hatte. Siboni hatte außerdem versprochen, daß er mit mir singen wolle, sofern ich mich deutsch mit ihm verständigen könnte, und hatte mich für diese Zeit in sein Haus zum Essen eingeladen. – Ich war wie wahnsinnig vor Freude; jetzt hatte ich das Gefühl, daß meine Träume und Hoffnungen in Erfüllung gehen mußten, daß der liebe Gott mich nicht verließ und daß alle Prüfungen nun vorüber waren. – Im Grunde war ich gar nicht überrascht, so hatte ich mir das ja vorgestellt, und alle Romane und Geschichten gingen für den Helden am Ende gut aus. Ich erinnere mich noch, wie ich mich nach diesem Gespräch, als ich allein auf dem Gang war, in meiner kindlichen

Freude selbst auf die Hand küßte und sie zum Himmel erhob, um Gott aus vollem Herzen meinen Dank darzubringen.

Weyse hatte mir geraten, mich bei anständigen Leuten einzumieten und mit dem Geld, von dem ich jeden Monat eine bestimmte Summe erhalten sollte, vorsichtig umzugehen. – Soviel Geld hatte ich noch nie gesehen, geschweige denn besessen. Ich fühlte mich so reich, so glücklich und schrieb einen jubelnden Brief nach Hause. – Bei einer Madame Thorgesen (einer Witwe), die in der Holmens Gade wohnte, fand ich Unterkunft (und man stelle sich vor, sie wohnte just im schmalen Ende der Straße); ich war, meinem Alter nach, gewiß das kindlichste Wesen im ganzen Viertel.

Da fiel mir ein, daß meine Mutter eine Halbschwester haben sollte, die in Kopenhagen wohnte und die Witwe eines reichen Seekapitäns war. Bei ihr, dachte ich, wollte ich Zuflucht nehmen, ich konnte ihr wohl keine Schande machen, wo man mir doch schon so großes Interesse erwiesen hatte. – Durch einen Zufall fand ich ihre Anschrift heraus, ohne daß es mir später möglich gewesen wäre, mich ihres Namens zu entsinnen oder ihr wiederzubegegnen, wahrscheinlich ist sie gestorben. – Sie war in meiner frühesten Kindheit einmal in Odense gewesen, damals überaus elegant, hatte für einen Augenblick meine Eltern besucht und mir einen Silberschilling geschenkt. Doch da meine Mutter von ihrem Reichtum und ihrem Pomp in allzu abfälligen und starken Ausdrücken gesprochen hatte, hatten sie sich in Feindschaft getrennt. In meiner kindlichen Arglosigkeit mochte ich nicht glauben, daß dergleichen von Dauer sein könnte, brauchte auch so etwas wie ein Heim und suchte – wie gesagt – diese Art Tante auf. – Es war recht hübsch in ihrem Haus, ich wurde auch einigermaßen freundlich aufgenommen, dann aber ging es über meine arme Mutter her, der sie, in Gegenwart einer anderen geputzten Dame, Roheit und Mangel an Bildung vorwarf, bis sie schließlich sagte: »Und stell dir vor, wo sie mich so schlecht behandelt hat, schickt sie mir auch noch ihr Kind auf den Hals, noch dazu einen Jungen – wenn es wenigstens ein Mädchen wäre!« – Kurz darauf trat ein fremder Herr ins Zimmer. »Das ist der Jungfer ihr Liebster«, flüsterte mir die Tante zu und bat mich, ihr zu folgen. Wir gingen auf einen Dachboden, wo sie mich mit Gerede über ihre Geldmittel aufhielt und sagte, ich könne sie zuweilen besuchen. Doch die Art, wie sie von meiner Mutter sprach, die fremde Dame mit ihrem Liebhaber, das alles machte auf mich einen sonderbaren Eindruck, und als ich Madame Thorgesen davon erzählte, grauste mir in der Seele, denn jetzt erkannte ich, auf welche Weise die gute Tante lebte, und – ich habe sie nie wiedergesehen – sicher ist sie gestorben, oder wir kennen einander nicht.

Weil ich zu Siboni gehen wollte, mußte ich etwas Deutsch lernen, wie aber sollte ich das bewerkstelligen? – In der Farvegade wohnte ein Lehrer Bruun, der im Deutschen Unterricht erteilte. Ich suchte ihn auf, er hörte sich meine märchenhafte Geschichte an, zeigte sich an mir interessiert und unterrichtete mich ein, zwei Stunden kostenlos. (Später bin ich ihm in Aarhus begegnet, wo er jetzt wohnt und Lehrer ist). Nun kam ich in Sibonis Haus. Ein italienischer Koch, ein deutsches und ein dänisches Dienstmädchen, das war mein Umgang; das Essen bekam ich in die Mädchenkammer, wenn die anderen mit ihrer Mahlzeit fertig waren. Ich mußte Botengänge machen, und ein-, zweimal im Monat erteilte mir Siboni eine kurze Übung in Gesang sowie die Erlaubnis, ihm und dem königlichen Gesangspersonal zuzuhören, wenn sie Musik einstudierten. So verging ein halbes Jahr, dann rief mich Siboni eines Tages zu sich und sagte mir, daß er mein Äußeres und meine Manieren für völlig ungeeignet halte. Mir fehle jegliche Bildung, meine Stimme komme nun in den Übergang und scheine sich zu verlieren;

erst in drei, vier Jahren sehe er die Möglichkeit, mich beim Theater unterzubringen, und so lange könne er mich nicht im Haus behalten. Außerdem sei da ein anderes Subjekt, das erheblich mehr verspreche, nämlich die kleine Ida Wulff, und deshalb wolle er sich ihrer annehmen. (Als sie das erste Mal mit ihrem Vater kam, habe ich ihr die Tür geöffnet; sie war ein schmächtiges kleines Wesen und trug ein einfaches rotes Kleid.)

Ich mußte also von Siboni weg und war nun fast genauso verlassen und an demselben Punkt wie ein halbes Jahr zuvor. Weinend ging ich zu Weyse und bat ihn, mir eine Lehrstelle bei einem Uhrmacher zu besorgen. – Indessen war es Mai geworden, also jene Zeit, in der ich, nach Holsteins Worten, vielleicht eine Anstellung beim Theater finden könnte. Es gibt noch Hoffnung für mich, dachte ich, wenn ich nur etwas zum Leben hätte! – Da fiel mir ein, daß sich die Familie Guldberg in Odense für mich interessierte und daß der Oberst einen Bruder hatte, der hier in Kopenhagen wohnte. Ihm schrieb ich nun einen Brief, erzählte ihm meine Geschichte und wie meine Stellung war, und nachdem ich ihn solcherart auf mich vorbereitet hatte, begab ich mich zu seiner Wohnung jenseits vom Stadttor Nørreport. – Siboni hatte mir ja in gewisser Weise die Tür gewiesen; daß ich betteln ging, verbot mir mein Gefühl; mein ganzes Eigentum bestand nur noch aus zehn, zwölf Talern – was sollte ich in der fremden Stadt tun?

Professor Guldberg nahm mich recht herzlich auf, er kannte mich schon durch seinen Bruder und gab mir etwas über achtzig Taler, die seine Freunde, darunter der Komponist Kuhlau, auf seine Anregung hin eingesammelt hatten (davon bekam ich jeden Monat zehn Taler ausgehändigt). Außerdem durfte ich, wie er mir zusicherte, jede Woche eine Stunde zu ihm kommen; dann wollte er mit mir Dänisch schreiben und lesen, denn er hatte an meinem Brief gesehen, daß ich kaum ein einziges Wort richtig buchstabieren konnte. – Wie glücklich war ich da, vor allem als er mir versprach, daß er mit Lindgreen über mich reden wolle, damit der sich vielleicht meiner annehmen könnte.

Ich ging dann auch zu Ballettdirektor Bournonville, doch der war mit seinem jungen Sohn nach Paris gereist und hatte die Aufsicht über die Ballettschule Dahlén überlassen. Guldberg hatte mir etwas Kleidung geschenkt, damit putzte ich mich heraus und bot mit meinem Haar, das in langen Locken meine Wangen rahmte, gewiß einen höchst sonderbaren Anblick. Herr Dahlén empfing mich jedoch freundlich, er hatte von mir reden gehört und sagte, ich solle zum Hoftheater kommen, er wolle mich beim Ballett unterbringen. – Da glaubte ich recht, ich sollte geradewegs in die ersehnte Theaterwelt springen, und pries den lieben, guten Gott!

Madame Thorgesen (die Witwe eines Tuchscherers war und dieses Gewerbe zusammen mit einem Gesellen betrieb) war noch immer meine Wirtin. Ich erzählte ihr von meinem Glück und bat sie, mich nun auch in Kost zu nehmen, denn wo sollte ich essen? Ich sagte ihr auch, was ich jetzt bei Guldbergs zugute hatte, und trug ihr meinen Wunsch an, für immer bei ihr zu bleiben. – Sie verlangte zwanzig Reichstaler monatlich, die ich im voraus bezahlen sollte! – Als ich diese hohe Summe hörte, erschrak ich heftig und bat sie unter Tränen, sich doch mit sechzehn Reichstalern zu begnügen. – »Nein«, sagte sie, »dann können Sie ziehen, wohin Sie wollen.« – Aber ich kannte niemanden. Was sollte ich tun? Weinend bat ich sie, die zehn Reichstaler, die ich hatte, anzunehmen, um dann vierzehn Tage auf die weiteren zehn zu warten, inzwischen wollte ich versuchen, sie zu besorgen. – »Zwanzig Taler will ich haben!« beharrte sie, »Sie haben doch achtzig bei Guldberg, die Ihnen gehören, und er wird sie Ihnen nicht vorenthalten. Davon können Sie vier Monate leben, und danach wird er schon einen Ausweg finden. – Ich gehe jetzt in die Stadt, und haben Sie die nächsten zwanzig

Taler nicht beschafft, wenn ich nach Hause komme, dann können sie verschwinden!«

Sie ging, und ich saß weinend und ohne Hoffnung in ihrer Stube. An der Wand hing ein Porträt ihres verstorbenen Mannes; während ich davor lag und weinte, schien mir, als blickte es so freundlich auf mich nieder, und in meiner kindlichen Einfalt flehte ich durch dieses Bild den Toten an, er möge das Herz seiner Frau für mich armes Kind erweichen, ja, ich rieb sogar meine Tränen auf die Augen des Bildes, um den Mann spüren zu lassen, wie bitterlich ich weinte. – Schließlich war ich von Schmerz und Kummer so erschöpft, daß ich halbbetäubt in eine Art Schlaf sank, in dem ich blieb, bis die Madam zurückkehrte.

Jetzt war sie freundlicher, und als sie merkte, daß es mir unmöglich war, die Summe an einem Tag zusammenzubringen, nahm sie die zehn Reichstaler an, unter der Bedingung, daß ich innerhalb von zwei Wochen zehn weitere beschaffte, und so jeden Monat: zehn am ersten Tag und zehn vierzehn Tage später. Für diese zwanzig Taler, die sie verlangte, beköstigte sie mich und wusch meine Wäsche, und ich bewohnte eine kleine Kammer ohne Fenster (eigentlich eine Speisekammer gleich neben der Küche, mit zwei Luftlöchern in der Tür). Darin war nur Platz für das Bett und zwei Stühle, die übereinander standen, im übrigen Raum konnte ich gerade stehen und mich aus- und anziehen. Hier brauchte ich mich jedoch nur abends und nachts aufzuhalten, am Tage durfte ich in ihrer Stube sein. – Das war ziemlich hart gegen ein armes, verlassenes Kind gehandelt, vor allem deshalb, weil sie recht vermögend war und den ganzen vierstöckigen Hof besaß, in dem wir wohnten. Aber ich war doch so froh über meine Bleibe, daß ich im ersten Augenblick zu ihren Füßen niedersank, ihre Hand küßte und sie mit meinen Tränen näßte. – Ich glaubte, daß ich nun alles gewonnen hätte.

III

Tausend Ideen schwirrten mir durch den Kopf, wie ich ihr nun jeden Monat zehn Reichstaler beschaffen könnte. Ich ging zu Weyse, der wieder so hochherzig war, mir zur Zufriedenstellung meiner strengen Wirtin für jedes Quartal eine bestimmte kleine Summe zu versprechen, die er zusammen mit einigen seiner Freunde bereitstellen wollte. Aber das war nicht genug. Da erinnerte ich mich an eine junge Dame, Fräulein Tønder Lund, die in Odense mit mir zum Konfirmandenunterricht gegangen, jedoch krank geworden und dann nicht konfirmiert worden war. Sie hatte damals einige Male freundlich mit mir gesprochen, hatte mich singen gehört und Freude an meinem dramatischen Talent gehabt. Nun erfuhr ich, daß sie sich bei Admiral Krieger im Stadtteil Gammelholm aufhielt und in diesem Jahr konfirmiert werden sollte. Da ging ich zu ihr, und sie brach über mich in Tränen aus; sie hatte für mein sonderbares Wesen und den abenteuerlichen Schritt, den ich gewagt hatte, als ich solcherart in die Welt hinausgezogen war, stets ein seltsames Interesse verspürt. – Sie steckte mir ihr Taschengeld zu, verschaffte mir bei ihren Freunden schnellstens eine monatliche Hilfe und erzählte ihnen allen nur das Beste von mir. – So konnte ich also die zwanzig Reichstaler zusammenbringen und hatte in der jungen, liebenswürdigen Dame eine Beschützerin. – Auf diese Weise kam ich zu der alten Frau Colbiørnsen, die durch ihre Schwester, Frau Krieger, von mir gehört hatte. Ihre Milde und ihre Freundlichkeit taten meinem Herzen sehr wohl.

Ich war so ungeheuer kindlich, so komisch in meinen Äußerungen, glühte so von Begeisterung für das Theater, daß man sich für dieses wunderliche Wesen allmählich interessierte. Frau Colbiørnsens Tochter (die jetzige Frau von der Maase) war damals Hofdame bei der Kronprinzessin und hatte durch ihre Mutter von mir gehört; sie äußerte den Wunsch, mich zu sehen, und sogleich flog ich nach Frederiksberg. Als die Kronprinzessin eintrat und mich ebenfalls sehen wollte, fühlte ich mich keineswegs verlegen, war sogleich bereit, zu singen und zu deklamieren, und wurde mit Lob und Kuchen belohnt. Mit einer Tüte, die mit Zuckerwerk, Trauben und Pfirsichen gefüllt war, sowie zehn Reichstalern an barem Geld wanderte ich selig nach Hause.

Ich setzte mich im Garten unter einen Baum, aß von meinen Sachen, wollte jedoch die Hälfte für meine Wirtin aufheben, was ich auch tat, und begann vor Freude laut zu singen. Noch nie hatte ich die sommerliche Natur der Insel Seeland gesehen. Der Anblick der grünen, duftenden Bäume ergriff mich wundersam; ich sang und improvisierte, sprach mit den Bäumen, mit Blumen und Vögeln, denn wem hätte ich sonst meine Freude recht mitteilen können? Wie ich so dasaß, kam ein Stallknecht daher und fragte mich, ob ich verrückt sei. Da zog ich mich stumm und verlegen zurück. – Ich war ein seltsam kindliches Wesen, ein wahres poetisches Gemüt! Jedes Ding machte auf mich einen tiefen Eindruck, wie ein Kind konnte ich im gleichen Moment lachen und weinen, doch im Grunde war ich froh und munter, ein reines Kind, obgleich im sechzehnten Lebensjahr.

Nun kam ich in die Ballettschule des Hoftheaters, ging jeden Vormittag dorthin und machte Battement an der Wand. Madame Kretzschmer war damals ein kleines Kind, und oft probierten wir aus, wer von uns die meisten schaffte, bevor er erschöpft war. Ich konnte eine Menge Gedichte auswendig, die ich häufig deklamierte, und dabei hörte ich viele der Älteren und Gebildeteren flüstern, wie schade es sei, daß ich meine Zeit beim Ballett verschwendete, wo doch gewiß etwas aus mir werden könne (insbesondere lobte man damals mein Organ). – Zu Hause bei Madame Thorgesen war es mein Vergnügen, alles zu lesen, was mir in die Finger fiel; ja, für die wenigen Schillinge, die ich zusammenkratzen konnte, entlieh ich sogar einige Bücher aus der Leihbibliothek von J.C. Lange. Mein Zimmer war so winzig, daß ich darin weder sitzen noch einen Tisch aufstellen konnte, also war ich gezwungen, ins Bett zu gehen, und das tat ich oft abends um sechs, nahm eine Kerze und mein Abendbrot mit, las und träumte mich in eine ganz andere Welt hinein.

Nun wurde die Erinnerung an das kleine Puppentheater wach, das ich in Odense besessen hatte, und ich bekam Lust zu etwas Ähnlichem. Ich machte mich sogleich ans Werk und nähte nun als sechzehnjähriger Junge Puppenkleider. – Um mir Stoffreste dafür zu besorgen, kam ich auf die Idee, in die Geschäfte der Østergade zu gehen und Proben von Samt und Seide zu erbitten, die ich dann zusammenflickte und zu brillanten Kostümen verarbeitete. Außerdem baute ich mir ein Perspektiv, und auf solche Art verspielte ich ein Jahr meines Jugendlebens. – Als Balletteleve durfte ich übrigens jeden Abend im dritten Rang, in der Loge der Figurantinnen, sitzen und mir von dort aus die Aufführung ansehen. Hier war ich von einer närrischen Gesellschaft umgeben und hörte oft närrische Dinge, doch meine Seele war rein, und mein Gedanke lebte und atmete nur für das Theater.

Guldberg las indessen fleißig mit mir Dänisch, ließ mich Gedichte auswendig lernen, die ich dann deklamieren mußte, und lobte mich vor allen Leuten als ein unverdorbenes, kindliches Gemüt. Doch das Geld, das er für mich verwahrte, ging zur Neige, und die Madam verlangte ihre zwanzig Taler – es sah schlimm aus. Als Guldberg zum Geburtstag des Königs in der Militärakademie eine Rede hielt, fiel die Einnahme mir zu; und da es in der Annonce geheißen hatte, daß sie für einen jungen, vollkommen mittellosen Künstler bestimmt sei, war sie gar nicht unbedeutend. – Nun bekam die Madam ihre zwanzig Reichstaler; übrigens hing ich an ihr auf recht kindliche Weise und spürte gar nicht, was ich heute weiß, daß sie mir, der ich so arm war, im Grunde übel mitgespielt hat. Alles, was ich besaß, nahm sie mir weg. Oft mußte ich sogar weite Wege für sie machen, bis hinaus nach Frederiksberg, und die vier Schillinge, die sie mir dafür gab, nahm ich mit großer Freude und Dankbarkeit an, denn dafür konnte ich mir ein Puppengesicht oder ein Bild bei Blankensteiner kaufen.

Ich lebte in glücklichen Träumen und merkte fast gar nichts von der verderblichen Umgebung, die täglich mein Leben berührte. – Schaute ich aus dem Fenster, dann war da nur Verderbnis, unter den Figuranten herrschte ein äußerst leichtfertiger Ton, und daheim bei der Madam – ja, da war eine neue Madam eingezogen, eine Madame Müller, die fast jeden Abend Besuch von ihrem alten Vater, Herrn Müller, hatte. – Es war ja nichts dabei, doch als ich einmal zur Hofdame Fräulein Colbiørnsen kam, da stand dort der alte Müller, nicht in seinem einfachen Mantel, sondern mit einem Stern auf der Brust. Ich war völlig verblüfft, ließ jedoch kein Wort darüber fallen. Herr Müller kannte mich auch nicht, obgleich ich ihm fast jeden Abend die Tür aufmachte. – Madame Thorgesen hatte ebenfalls eine Liebesgeschichte – aber das ging mich nichts an; ich lag in meiner kleinen Kammer, spielte mit meinen Puppen und meinem Theater und ließ alles andere an mir vorüberfliegen. Erst jetzt, wo ich älter bin, ist mir klar, an welchem Abgrund ich damals in des Wortes eigentlicher Bedeutung spielte und träumte.

Um diese Zeit teilte mir meine Mutter in einem Brief den Tod der alten Großmutter mit. Sie hatte sehr gelitten, hatte immer wieder von mir gesprochen und sich einen Brief von mir gewünscht, jedoch keinen bekommen – das kann mich noch heute traurig stimmen –, und hatte in ihrer letzten Stunde für mich gebetet. – Ich war tief erschüttert, doch weil ich nichts besaß, konnte ich weder Trauerkleidung noch einen Flor am Hut tragen. Ich weinte bitterlich – das war alles, was ich ihr von meinem Kummer geben konnte.

21.

Indessen ging es mit Madame Thorgesens Finanzen bergab; sie erlitt einige bedeutende Verluste und sagte mir eines Tages, daß wir uns wohl trennen müßten, daß ich jedoch bei einer ihrer Freundinnen einziehen könnte, die mit einem Steuermann verheiratet war und Madame Henckel hieß; sie selbst wolle in einem Monat verreisen. Sie ging nach Westindien und wurde – Hebamme; ihr Liebhaber begleitete sie, kehrte jedoch im folgenden Jahr zurück.

Madame Henckel war weichherziger, hatte mehrere Kinder und stand sich nicht gut. Ich zog nun zu ihr, und wir wohnten in jenem Hof, wo sich heute das Heim für alte Seeleute, genannt »die Bombenbüchse«, befindet. Auch hier bekam ich ein Zimmer ohne Fenster, durfte mich jedoch im Wohnzimmer der Familie inmitten der Kinderschar frei aufhalten. Guldberg hatte mir geraten, bei meiner neuen Wirtin nur zu logieren, Frühstück und Abendbrot zu essen und auf das Mittagessen, das ich statt dessen bei einem Garkoch einnehmen könnte, zu verzichten, um billiger zu leben, was in Anbetracht meines schmalen Geldbeutels sehr notwendig war. So ging ich also in den »Hobel«, einen Keller an Holmens Kanal, wo die einfachere Klasse verkehrte, fühlte mich zwischen den oftmals wilden Menschen sonderbar fremd und zog mich stets rasch wieder zurück. Häufig hatte ich gar kein Geld zum Essen, doch ich schämte mich, dies Madame Henckel merken oder sie befürchten zu lassen, daß ich meinen Appetit für das Abendbrot aufsparte (obwohl das nur aus ein paar abgezählten Butterbroten bestand). Deshalb schlich ich mich in den Königlichen Garten, setzte mich an den Springbrunnen oder ging auf den Wegen spazieren, wobei ich in der kalten Jahreszeit heftig fror, denn Winterkleidung hatte ich nicht. – Nach einer Stunde ging ich dann nach Hause und hungerte, bis es Abend wurde, doch mehr als die mir bestimmten Butterbrote verlangte ich nie.

Ansonsten war meine Stimmung vortrefflich, ich nahm alles sehr leicht und betrachtete die ganze Welt von einer glücklichen Seite. Zu allen hatte ich Vertrauen und kannte keinen Menschen, der mein Feind hätte sein können, hatte aber auch keinen Freund, keinen Altersgenossen, an den ich mich vertrauensvoll angeschmiegt hätte. – Meine Phantasie ersetzte mir alles, ich lebte in einer Traumwelt, doch ich lernte auch nichts!

Das Haus Dahlén war das erste, zu dem ich Zutritt fand – Herr Dahlén lud mich ein, und seine gütige, warmherzige Frau empfand recht meine Not, ohne daß ich es merkte, denn ich war frohgemut und besuchte sie nun fast jeden Abend. Sie nahmen mich freundlich auf, mein kindliches Wesen gefiel den Töchtern, sie spielten und sangen, ich sah bei Dahléns mehrere gebildete Menschen und fand dort ein Heim. – Meine größte Freude hatte ich an einem Spiel, das bei ihnen gespielt wurde und das sie das Reisespiel nannten, und holte es fast jeden Abend vor. Versteckt unter der Schürze meiner Wirtin, nahm ich mein kleines Theater und das Perspektiv zu ihnen mit und gab nun Vorstellungen für Madame Dahlén, die sich über meine Naivität, die für mein Alter so merkwürdig war, herzlich amüsierte. – Hier sah ich häufig den Übersetzer N.T. Bruun, der mich jedoch nie einer besonderen Aufmerksamkeit für würdig hielt – und wie konnte er das im Grunde auch?

Alle, denen ich begegnete, sprachen immer wieder von meinem vorzüglichen Kopf, und das fand ich schmeichelhaft. Man sagte, ich solle und müsse studieren. Doch wie sollte sich das ermöglichen lassen? Auch liebte ich das Theater zu sehr, als daß mir diese, für mich schier unerreichbare Idee Grillen in den Kopf gesetzt hätte. Mein Geldbeutel wurde indessen immer schmaler; alle sagten, ich müsse mir Freunde suchen, jemanden, der sich um mich kümmerte, aber keiner zeigte mir eine Möglichkeit. – Zu dieser Zeit hörte ich häufig von dem Physiker Ørsted reden, der ein liebenswürdiger Mann sein sollte – das war mir genug, ich ging zu ihm und fand mich nicht enttäuscht. Er lieferte mir sogleich einen Beweis für sein gutes Herz und sagte mir sogar, wenn seine Frau wieder wohlauf sei, solle ich ihn besuchen; er lieh mir ein paar Bücher und flößte mir durch seine Freundlichkeit Mut und Zutrauen ein.

Indessen hatte Gesangslehrer Krossing (von der Singschule des Theaters) von mir gehört; er war auf Siboni wütend, wußte, daß ich bei ihm gewesen war und daß ich noch Stimme hatte. Daher wollte er mich in seine Schule aufnehmen und versuchen, mich zum Sänger auszubilden, doch erst einmal mußte ich im Chor singen. So teilte ich mich nun zwischen Tanz und Gesang, war häufig im Theater, hinter den Kulissen, und glaubte, ich hätte schon einen beneidenswerten Sprung auf das höchste Ziel meiner Wünsche zu gemacht. Auch Ida Wulff (die jetzige Frau Holstein) lief als Kind dort herum; oft saßen wir abends hinter den Kulissen und plauderten, denn sie war die einzige von allen am Theater, zu der ich ein rechtes Vertrauen hatte. Der Schauspieler Phister war damals ein wilder Knabe und foppte mich, und Jungfer Abrahamsen glich einem kleinen Aschenputtel, mit dem niemand sprach.

Noch immer hatte ich nicht auf der Bühne gestanden. Als ich eines Abends hinter den Kulissen war, wurde *Die beiden kleinen Savoyarden* gespielt. Eine Szene verlangte eine Menschenmenge, und alle Eleven, ja sogar einige Maschinisten, kurz, alle, die wollten, liefen auf die Bühne. »Wollen Sie nicht mitmachen?« fragte Ida Wulff. »Melden Sie sich bei dem Mann, der die Statisten schminkt, dann kann er Sie auch schminken – sehen Sie, so wie mich!« Und dann hüpfte sie hinein. Rasch ließ ich mir die Wangen malen und mischte mich klopfenden Herzens unter die anderen. Ich war hochbeglückt, doch im gleichen Moment trat der Schauspieler Bauer auf mich zu und gratulierte mir zu meinem Debüt. Ich merkte wohl, daß er sich über mich lustig machte, schlich mich deshalb hinaus und weinte hinter dem Vorhang, im dunklen Winkel, meine bitteren Tränen.

Es dauerte übrigens nicht lange, da stand ich doch auf der Bühne, und zwar im Kostüm. – Das Ballett *Nina* wurde aufgeführt. Darin kommen zwei Musikanten vor, die für Nina spielen und jene Melodie finden müssen, die sie an ihren Geliebten erinnert; erst dann ist sie mit ihnen zufrieden. – Für diese Rollen wurden zwei der größten Balletteleven ausgewählt, und einer davon war ich. – Das war mein Debüt. Ich war schon nachmittags um vier zur Stelle und ließ mich ankleiden. Während der Vorstellung wurden wir beiden Spielleute ganz vorn postiert (zwischen den Pfeilern, wo jetzt die kleine Loge ist). Madame Schall tanzte die Partie der Nina, und zu meiner großen Freude gab sie sich mit mir am meisten ab (vermutlich habe ich eine äußerst komische Figur gemacht). – Nun komponierte Dahlén ein neues, großes Ballett, *Armida*; darin bekam ich die Rolle eines Trolls. Auch Jungfer Hanne Pätges (die heutige Frau Heiberg) wirkte darin mit; wenn ich mich recht erinnere, war es ihr »erstes Debüt«. Sie war noch ein kleines Kind und sprach ihren eigenen Namen so verkehrt aus, daß auf dem Programm HANNE PETCHER stand.

Ich bekam nun mehr und mehr Lust, eine ordentliche Rolle zu spielen. Nachdem Guldberg mit ihm gesprochen hatte, ging ich zu Lindgreen; der probierte eine Rolle mit mir aus, meinte, ich hätte Talent für das Komische, und erlaubte mir, mich seinen übrigen Schülern anzuschließen: Phister, Jungfer Rongsted und mehreren anderen. Doch ich wollte am liebsten die rührenden Rollen spielen, so hatte ich große Lust zu *Corregio*. – »Aber Herrgott, liebes Kind, Ihr Äußeres ist unvorteilhaft, so ein langer, magerer Held wird von Gott und aller Welt ausgelacht. Aber lernen Sie die Rolle nur!« – Acht Tage später kam ich damit zu ihm. Lindgreen ließ mich Corregios Monolog in der Bildergalerie vortragen, und an der Stelle, wo er beim Anblick der herrlichen Kunstschätze jubelt, brach ich in echte Tränen aus. – Der alte Mann drückte mir die Hand und sagte: »Herz haben Sie und Kopf, weiß Gott, auch; Sie dürfen nicht hier herumlaufen und Ihre Zeit verschwenden, Sie sollten studieren! Zum Schauspieler taugen Sie nicht, aber es gibt noch andere herrliche, große Dinge außer dieser Kunst.« – »Tauge ich gar nicht?« entgegnete ich, »auch nicht für das Komische? O Gott, wie bin ich unglücklich! Was soll denn aus mir werden?« – Lindgreen meinte, ich sollte mich mit Latein befassen und Guldberg bitten, die Grammatik mit mir zu studieren – und wenn ich recht darin brillierte, was er für sicher halte, dann würde man schon mehr für mich tun. Ich wußte noch nicht, was eine Grammatik war, und hatte niemals eine in der Hand gehabt; doch als ich hörte, daß sie so vieles veranlassen konnte, wollte ich sie gern erlernen, außerdem besaß ich eine seltene Leichtigkeit im Auswendiglernen. Ich hatte nur die eine Bitte: daß ich am Theater bleiben durfte – für dies allein lebte und träumte ich.

Als ich mich mit dem Wunsch an Guldberg wandte, etwas lateinische Grammatik zu erlernen, antwortete er, das könne er nicht gut. Da sprach ich mit jener Madame Hermansen, mit der ich zusammen nach Kopenhagen gereist war; ihr Sohn (heute Lektor Olsen in Helsingør) hatte gerade sein Abitur bestanden und gab nun Unterrichtsstunden. Ich bat sie, mit ihm zu sprechen, ob er mich nicht ohne Bezahlung unterrichten wolle. Sie war mir sehr mütterlich gewogen, antwortete mir jedoch, daß sie ihn vielleicht überreden könne, Deutsch mit mir zu lernen, Latein dagegen – – »das ist so eine KOSTBARE SPRACHE«. – Indessen teilte mir Guldberg mit, daß einer seiner Bekannten, ein Student Bentzien (später Pfarrer in Frederiksberg), einmal in der Woche Badens Grammatik mit mir studieren wolle. – Nun bekam ich also jenes Buch, das ich noch nie gesehen hatte und das mir, da sich meine gesamte Lektüre auf Romane und Schauspiele beschränkte, entsetzlich trocken erschien.

Um diese Zeit wurde Etatsrat (heute Konferenzrat) Collin Direktor des Theaters. »Ich wünschte, Sie lernten diesen

Mann kennen«, sagte Guldberg, »er pflegt sich um alles zu kümmern, an dem etwas dran ist!« – Zwar kannte ich ihn gar nicht, stattete ihm jedoch als Eleve des Theaters meine Visite ab und bat ihn, sich für mich zu interessieren. – Er wußte nicht das Geringste von mir, niemand hatte ihm von mir erzählt.

Für Guldberg mußte ich jede Woche eins von seinen Gedichten abschreiben und auswendig lernen, was mir nicht sonderlich gut gefiel. So bekam ich Lust, mich mit meiner Kindheitsbeschäftigung zu versuchen und selber ein Gedicht zu schreiben.

Nun war kurz zuvor Rosenkildes Zeitschrift »Die Brieftaube« herausgekommen, und darin hatte ich eine Erzählung mit dem Titel *Die Waldkapelle* gelesen, die mich sehr interessierte. Ich arbeitete sie zu einer großen Tragödie um und fragte Guldberg, ob ich sie ihm statt seiner Gedichte bringen dürfe. Das erlaubte er und sah sie nun auf ihre sprachliche Gestaltung durch. Er las mein Stück, das sich zu einem recht ordentlichen Ganzen zusammenfügte, einigen seiner Freunde vor, und man wunderte sich über meine Phantasie und Leichtigkeit der Sprache, obgleich ich, was dies betraf, ohne jede Bildung war. – Wie kindlich ich noch war, während ich dieses Stück verfaßte, kann man daran erkennen, daß ich auf dem Wege zu Guldberg, den ich fragen wollte, ob ich dergleichen überhaupt wagen dürfte, hin und her überlegte, ob ich das nicht lieber sein lassen und mir statt dessen ein größeres Puppentheater bauen sollte – aber das Bessere siegte.

Nun las ich mein Stück Colbiørnsens vor. Die Geheimrätin hielt sich gerade im »Bakkehus« auf, dadurch begegnete ich Frau Rahbek, die mit mir scherzte und mir erzählte, daß ihr Oehlenschläger und Ingemann ebenfalls ihre ersten Arbeiten vorgelesen hätten. Später, nach meinem Abitur, als ich sie kurz vor ihrem Tod besuchte, hat sie mir erzählt, ich hätte ihr einmal etwas vorgelesen, was ich wortwörtlich von

Ingemann abgeschrieben hatte, und auf ihre entsprechende Bemerkung soll ich geantwortet haben: »Ja, aber das ist so schön!« – Im »Bakkehus« lernte ich Professor Thiele und Møhl, damals beide junge Studenten, kennen sowie die Schauspielerin Madame Andersen, die mir den Namen »der kleine Deklamator« gab, weil ich ständig etwas für sie deklamieren wollte.

Jede freundliche Äußerung über meine Tragödie *Die Waldkapelle* sah ich durch ein Vergrößerungsglas und fühlte mich unendlich geschmeichelt; ich glaubte alles, was die Leute sagten, hielt das Stück wirklich für meisterhaft und war der Meinung, daß jeder es hören mußte. So ging ich damit zu Oehlenschläger, der meine Verse lobte und mir zum Abschied die Hand drückte. Dieser Händedruck bedeutete mir mehr als alles – es kam mir ordentlich so vor, als sei ich damit zum Dichter geweiht. Auch bei Ingemann machte ich Visite; er war sehr mild und freundlich, wollte mir nur Gutes über meine erste Arbeit sagen und gab mir sogar einige Beihilfe für meine Finanzen, wozu auch Grundtvig beitrug.

Ich war begeistert, und zum ersten Mal tauchte die Idee in mir auf: DU BIST EIN DICHTER! Alle Menschen mußten das erfahren! In meiner kindlichen Freude wollte ich allen Leuten mein Stück zeigen, ich gab es auch Theaterdirektor Olsen, und der sagte mir sogar, ich solle es zur Aufführung einreichen, vielleicht würde etwas daraus. Was für ein Glück! Ich stürzte zu Guldberg, erzählte ihm davon, doch zu meiner großen Verblüffung war er so vernünftig, sich diesem Vorhaben zu widersetzen. Das konnte ich nicht begreifen, ich verstummte und wurde traurig – doch es geschah zum ersten Mal in meinem Leben, daß in meiner Seele Argwohn gegen einen Menschen aufstieg. – Ich wußte, daß Guldberg mit seinen dramatischen Arbeiten einen Mißerfolg erlebt hatte, und da kam mir der Gedanke, daß er mich vielleicht beneidete und verhindern wollte, daß ich mit meinem Stück brillierte. – Das war schlecht gedacht von diesem Mann, der mir soviel Gutes erwiesen hatte, und es war gewiß meine erste Sünde. Ich kann nur sagen: Es war die Folge von all dem Lob und Weihrauch, den mir andere darbrachten, und von der festen Überzeugung, die ich damals hatte, daß mein Stück etwas Vortreffliches sei.

Ich reichte es also nicht ein, weil Guldberg dagegen war, faßte jedoch heimlich den Beschluß, ein eigenes Stück zu schreiben, und wählte dafür die dänische Volkssage über *Die Räuber in Vissenberg*. So wie Schiller wollte auch ich das erste Mal mit Räubern auftreten. Wimmelnd von grammatikalischen Fehlern, gelangte mein Stück in die Theaterdirektion, und die schickte es mir als vollkommen unreif zurück. Die Herren vermerkten dazu, es sei allzusehr vom Mangel an jeglicher Elementarbildung geprägt; sie hielten es jedoch gleichzeitig für wünschenswert, daß ich durch meine Freunde und Gönner Gelegenheit erhielte, jenes Ziel, nach dem ich so eifrig strebte, auf dem Weg der Wissenschaft zu erreichen.

IV

Indessen ging ich fleißig zur Singschule und tat meinen Dienst im Chor; so war ich bald ein Hirte in *Johanna von Montfaucon*, bald ein Krieger in *Zoraime und Zulnar* (wo ich den Triumphwagen zog). In dem Geburtstagsstück *Lanassa* hatte ich einen größeren Part; Nielsen, Frydendal und einige wenige aus dem Chor, darunter ich, wurden ausgewählt, um als Brahmanen aufzutreten. Wir waren entsetzlich kostümiert. Enges, fleischfarbenes Trikot am ganzen Körper, nur ein kleiner Gürtel, sonst Rücken und Brust überall nackt, das Haar bis auf einen kleinen Zopf abrasiert – wir sahen schrecklich aus. Die Leute lachten und zischten. Ich war doch so furchtbar mager und schämte mich ordent-

ut re mi fa sol
33

lich, weshalb ich ganz komisch wirkte; bei der nächsten Vorstellung wurden wir alle etwas mehr bedeckt. Die Kronprinzessin, mit der ich mich kurz darauf unterhielt, sagte mir, ich hätte ausgesehen wie eine gehäutete Katze und Nielsen wie ein großes gebrühtes Schwein. Sie äußerte sich auch zu meinen dramatischen Produkten, und ich erinnere mich, daß sie sagte: »Wollen Sie auch Trauerspiele wie Oehlenschläger schreiben? Nein, lassen Sie das sein! Man hat doch schon genug Sorgen in der Welt, geben Sie den Leuten lieber etwas zu lachen, so wie Holberg.« – Ansonsten behandelte sie mich äußerst liebenswürdig und scherzte über meine naiven Aussprüche. Einmal trat sie ins Zimmer, während die Hofdame mein Profil zeichnete; ich war mit dem Ausdruck nicht zufrieden, da malte sie eine krumme Nase und dazu große Augen und sagte: »Er soll aussehen wie Schiller!«, und schenkte mir das Bild. Schade, daß ich es verloren habe, ein interessanteres Bild aus jenen Jahren könnte ich nicht besitzen.

So ging nun die Zeit hin, die lateinische Grammatik gefiel mir nicht in diesem meinem Traumleben, ich blieb ein paarmal aus, und die Strafe folgte. Eines Abends sitze ich bei Madame Dahlén und spiele ihr auf meinem kleinen Theater das Ballett *Rolf Blaubart* vor, das ich selbst zur Oper umgearbeitet hatte, und improvisiere dazu Melodien. Da kommt Dahlén nach Hause und erzählt, er sei Guldberg begegnet, und der habe sich über mich beklagt: Erst hätte ich ihn um Unterricht in Latein gebeten, und jetzt, wo er mir eine Gelegenheit dazu verschafft habe, sei ich faul. – Als ich dies hörte, wurde ich bestürzt und traurig, ließ mein Theater stehen und eilte sogleich zu Guldberg nach Nørrebro und wollte ihn um Verzeihung bitten. Doch er war hitzig, nannte mich einen schlechten Menschen, der sein eigenes Wohl nicht wolle, und versicherte, er wünsche nichts, gar nichts mehr mit mir zu tun zu haben. Ich war völlig gebrochen und bat ihn, mir zu vergeben und mich nicht ganz und gar unglücklich zu machen. – »Oh, Sie spielen mir doch nur Theater vor!« sagte er. – »Wenn Sie mich verlassen, dann habe ich keinen Menschen mehr! Ich habe gefehlt, aber bei Gott, ich will fleißiger werden. Ich wußte nicht, wohin das alles führen könnte, und hatte keine Vorstellung von Latein, als ich Sie um Unterricht darin bat« – so etwa waren meine Worte. – »Unglücklich«, wiederholte er, »das ist doch eine Tirade aus einer Komödie, womit Sie mir kommen! Das habe ich schon mal gelesen. Ich tu nichts mehr für Sie. Sie haben noch dreißig Reichstaler bei mir gut, davon können Sie sich jeden Monat zehn abholen, aber mit uns beiden ist es vorbei!« Und dann schlug er mir die Tür vor der Nase zu. Ich empfand wohl, daß ich nicht recht daran getan hatte, einige Male die Lateinstunde zu versäumen, doch ich empfand auch, daß er mich zu streng behandelte.

Voller Verzweiflung machte ich mich auf den Heimweg. Er hatte gesagt, ich sei schlecht, und das erschütterte mich zutiefst. Lange stand ich am Peblingesee und sah den Mond im Wasser leuchten. Der Wind wehte so kalt, und mir kam der häßliche Gedanke: Aus dir kann doch nichts werden! Du bist nicht mehr gut. Gott ist böse, du mußt sterben! – Ich schaute ins Wasser hinunter, und dabei fiel mir meine alte Großmutter ein, die gewiß nicht geglaubt hätte, daß es ein solches Ende mit mir nehmen könnte. Darüber mußte ich bitterlich weinen, doch ich fühlte auch mein Herz erleichtert und bat Gott inständig um Vergebung für meine Fehler und den sündigen Gedanken, ins Wasser zu springen. Daraufhin begab ich mich zu Bentzien, bat ihn um Verzeihung, weil ich einige Male nicht erschienen war – doch man habe im Theater so viele schöne Stücke gespielt, so vieles habe mich vom Studium der Grammatik weggezogen, jetzt aber reue mich meine Sünde. – Er tröstete mich freundlich, und ich ging beruhigt nach Hause.

Seitdem lernte ich brav meine Grammatik; doch Guldberg ließ sich nicht erweichen, kalt und bestimmt hielt er an seinem Beschluß fest. – (Für den Dienst, den ich im letzten Jahr dem Theater geleistet hatte, erhielt ich ein Honorar von fünfundzwanzig Reichsbanktalern – das war mein einziger Gewinn dort.) Da ich nicht länger auf Guldberg rechnen durfte, wurde ich von der Notwendigkeit und meinem inneren Drang noch heftiger angetrieben, mich um eine ordentliche Rolle für ein Debüt zu bemühen. Sehr gern wollte ich den Peter in *Die Weinlese* und den Jaquinot in *Die beiden Grenadiere* spielen; Lindgreen hatte beide Rollen mit mir einstudiert und fand meine Darstellung gut. – Ich war siebzehn Jahre alt, war ganz mir selbst überlassen, keiner kümmerte sich recht um mich, nur die feste Grundlage von reiner Kindlichkeit und Frömmigkeit hielt mich aufrecht. Charakteristisch für diese beiden Eigenheiten ist folgendes, woran ich mich deutlich erinnere: Eine Rolle zu bekommen war mein höchster Wunsch. Es war just der Neujahrstag 1822, und ich glaubte felsenfest daran, daß einem alles, was man am Neujahrstag erlebte, auch im ganzen Jahr widerfahren müßte – könnte ich also an diesem Tag ins Theater gelangen, dann könnte ich auch das ganze Jahr dort sein. Doch zu meinem Leidwesen fand gerade an diesem Tag keine Vorstellung statt. Ich schlich mich deshalb in früher Morgenstunde zum Hintereingang hinein; im ganzen Haus war nicht eine Seele. Zitternd, als beginge ich eine Sünde, suchte ich die Rampe der Lampen auf, faltete meine Hände, betete ein Vaterunser und schlich mich genauso leise wieder davon. Dabei war ich in meinem Herzen fest davon überzeugt, daß ich im neuen Jahr nun wohl eine Rolle spielen würde.

Meine Hoffnung wurde jedoch schlimm getäuscht, denn als im Mai mehrere überflüssige Subjekte ihren Abschied bekamen, erhielt auch ich einen Brief von der Direktion, in dem man mir mitteilte, daß man mich hiermit »des weiteren Dienstes am Theater entledigte«! – Ich begann nun das ganze Unglück meiner Stellung zu empfinden, ging zu

Etatsrat Collin und bat ihn, mir doch ein Debüt zu gestatten. Er führte mit mir ein ziemlich ernstes Gespräch und sagte, daß ich kein Aussehen hätte und daß meine Stimme auch nichts taugte. (Der Übergang war ihr Untergang geworden, denn ich war ständig mit nassen Füßen und ohne Wintersachen herumgelaufen.) Traurig ging ich nach Hause und wußte mir nun gar keinen Rat.

Durch meine *Waldkapelle* war ich mit Urban Jürgensens Mutter, einer vortrefflichen alten Frau, bekannt geworden. Sie spornte mich als Dichter an. Ihre Ernsthaftigkeit und ihr Zuspruch bestärkten mich in dem Gedanken, etwas mehr zu sein als die Menge. Dadurch und durch meine Not kam ich dazu, nach der gleichnamigen Erzählung von Suhm das Trauerspiel *Elfensonne* zu schreiben – vielleicht wird es angenommen, dachte ich. Zumindest hatte ich die Hoffnung, daß ein Buchdrucker es mir abkaufen und eine Kleinigkeit dafür bezahlen würde. – Beim Schreiben des Stücks benutzte ich einige Repliken aus *Die Waldkapelle* und *Die Räuber in Vissenberg*. Als die alte Madame Jürgensen es hörte, ergriff sie meine Hand und sagte: »Ich lebe keine zehn Jahre mehr, aber denken Sie an meine Worte, dann wird die Welt Sie mit anderen Augen sehen als jetzt! – Oehlenschläger bleibt nicht für alle Zeit der erste, es kommen auch jüngere Männer!« – Diese übertriebene, jedoch wohlgemeinte Äußerung machte auf mich einen tiefen Eindruck. Frau Jürgensen erzählte mir nun auch, daß Propst Gutfeld Interesse für mich bekundet und den Wunsch geäußert hätte, mich zu sehen. – Ich ging auch zu ihm, er hörte sich *Elfensonne* an und spendete mir größeres Lob, als ich verdienen konnte. Er machte mir Mut und sagte, ich sei ein Dichter und solle mein Stück bei der Theaterdirektion einreichen, er wolle dafür einen Empfehlungsbrief schreiben. – Auch Ørsted und seine Familie hörten das Stück und sagten mir etwas Freundliches darüber, und all dieses Lob wuchs sich in meiner Phantasie zu Weihrauch aus.

Zur gleichen Zeit las ich erstmals einen Roman von Walter Scott, *Das Gefängnis in Edinburgh*. Meine lebhafte Phantasie ließ das ganze große Bild vor mir erstehen, ich lebte darin, es erschien mir wie ein Teil meines eigenen Lebens, so natürlich sah ich das Ganze vor mir. Bei dem Gedanken, wie herrlich es wäre, ein Dichter zu sein, verspürte ich einen heiligen Schauder und empfand zum ersten Mal, was dies bedeutete; die ganze Welt erschien mir wie ein Märchen, nur dem Dichter zuliebe entstanden. Sogleich mußte ich Walter Scott nachahmen, schrieb eine Geschichte über die »tolle Stine« und nannte sie *Das Gespenst an Palnatokes Grab*. – Alle Menschen sollten meine Freude, daß ich Dichter war, teilen, alle mußten meine *Elfensonne* hören.

Dann las ich Shakespeares Lebenslauf, der mir fast wie mein eigener vorkam, und ich bildete mir tatsächlich ein, ich wäre auch so ein Kerl. Kommandeur Wulff hatte seine Werke übersetzt; ich glaubte, er müßte sich über den Anblick eines Wesens freuen, das seinem Lieblingsdichter glich, und war auch selbst begierig auf seine Bekanntschaft. So führte ich mich, mit meiner *Elfensonne* in der Tasche, in einem Hause ein, in dem ich dann später fast ein Heim gefunden habe. – Ich soll außerordentlich komisch gewesen sein, voller Leben und Naivität, wobei letztere recht von meinem Alter und meiner Größe abstach. – Auch waren meine Manieren schrecklich unbeholfen, was im Grunde durch Eitelkeit und durch die Furcht verursacht war, daß man an meiner ärmlichen Bekleidung Mängel entdecken könnte. – Weil mein Rock zu kurz war, zog ich die Ärmel lang. Die Beine schwenkte ich sonderbar, weil die Pantalons nicht zu hoch über die Stiefel rutschen durften; diese waren etwas schief getreten, was ich ja auch verbergen mußte. Hierdurch gewöhnte sich mein Körper, den ich aus vielen Gründen nicht geradezuhalten wagte, tatsächlich ein paar schlimme Unarten an, und so befand ich mich im heftigsten Kampf zwischen äußeren Formen und der größten inneren Natürlichkeit.

Um mein Stück *Elfensonne* drucken zu lassen, ging ich zu Seidelin, der sich jedoch nicht darauf einlassen wollte. – Der Schauspieler Foersom kannte den Setzer in der Buchdrukkerei »Cohens Witwe«, und durch diese Vermittlung erreichte ich die Zusage, daß man mit dem Druck beginnen wollte, sobald sich eine bestimmte Anzahl von Subskribenten gemeldet hätte.

Um in der Zeitung »Der Tag« erwähnt zu werden, ging ich zu dem bekannten Rezensenten Proft, las ihm mein Werk vor und gewann seinen Beifall.

Daraufhin erschien in der Zeitung eine vorteilhafte Anzeige, doch mein Name wurde nicht genannt. Ich sei ein siebzehnjähriger Jüngling, man habe Proben von meiner Arbeit gesehen, die in Anbetracht jener Bildungsstufe, auf der ich mich befände, ganz ungewöhnlich seien; ich verdiente Ermunterung und Hilfe, um mir jene Kenntnisse zu erwerben, ohne welche sich auch das vorzüglichste Talent nicht zu einem würdigen Standpunkt erheben könnte. – Sodann gab ich Proft mein Stück *Die Räuber in Vissenberg*, dessen erste Szene dann in Liunges Unterhaltungsblatt »Die Harfe« (1822) gedruckt wurde. Mein Name stand darunter – es war das erste, was von mir gedruckt erschien. Ich las es gewiß hundertmal und sah mir abends im Bett meinen gedruckten Namen an. Jubelnd lief ich zu Fräulein Tønder Lund, und sie war kindlich und gütig genug, meine Freude mit mir zu teilen. Auch Wulffs bekamen das Blatt zu sehen, und der Kommandeur lieh es sich aus. Als ich es ein paar Tage später abholen wollte, war es nicht aufzufinden! Er sagte ganz ruhig, er habe nicht daran gedacht, welch einen Wert es für mich hätte. »Es ist den Weg allen Fleisches gegangen!« – Ich sagte nichts dazu, hatte jedoch Mühe, meine Tränen zu verbergen – es war mein ganzer Reichtum, was ich da verloren hatte.

Im September gab mir das Theater Nachricht. Ich wurde in die Direktion gerufen, wo Collin, Rahbek, Holstein und Olsen versammelt waren. Rahbek führte das Wort und sagte, sie hätten in meinem Stück einzelne Goldkörner entdeckt, die etwas verhießen, doch fehlte mir jegliche Bildung, und ohne diese könne man niemals etwas liefern, was sich einem gebildeten Publikum anbieten ließe. Wegen des Guten, das mein Stück enthalte, und weil ich ein unverdorbener Mensch zu sein schiene, wolle man für meine Ausbildung sorgen. Etatsrat Collin wolle darüber mit dem König sprechen, und die Universität, hoffe man, werde mir freien Unterricht gewähren. Wo, das sollte ich noch näher erfahren. Nach einem Studium von ein paar Jahren würde ich vielleicht etwas zu liefern in der Lage sein, was man annehmen und aufführen könnte. Ich sollte mich dann an Collin wenden, der sich des Ganzen annehmen werde. – Ich glaube, ich habe kaum etwas geantwortet – mir wurde schwindlig vor Freude. – Nun besuchte ich das Haus Collin, sie mußten meine *Elfensonne* hören – ich konnte nicht anders! So trat ich erstmals in jenen Kreis ein, in dem dann mein Herz festwuchs, wo ich Edvard gewann, manch einen schönen Traum geträumt habe, und, o Gott! – – Ich habe sie alle lieb!

Es wurde bestimmt, daß ich nach Slagelse ziehen sollte. Dort war kurz zuvor Meisling als Rektor eingestellt worden, und am ersten November sollte ich fahren.

Mit dem Druck der *Elfensonne* ging es gar nicht voran, nur wenige Leute subskribierten. Ich hatte das Buch *Jugendversuche* genannt, und um, wie Walter Scott, im Verborgenen zu bleiben, obgleich ich allen Leuten das Stück vorgelesen hatte, wählte ich als Autor einen fremden Namen: William Christian Walter – den ersten Namen nach Shakespeare, den letzten nach Walter Scott und den mittleren nach mir selbst. Ich war bescheiden, das muß man sagen; aber Herrgott, die Leute hatten mir soviel eingeblasen, und welch ein Interesse wurde mir jetzt bezeigt! – Ich holte mein Manuskript nicht wieder ab, obwohl man mir sagte, es sei nicht zu drucken, denn insgeheim hoffte ich doch noch: Es wird schon erscheinen, wenn ich in Slagelse bin, und das wäre herrlich! – Als ich von allen Abschied nahm, ließ ich deshalb den Buchdrucker aus. Frau Wulff versprach mir zu schreiben, und Collin trug mir auf, ich sollte ihm alles über mein Befinden vermelden.

Dritter Abschnitt

I

Nun begann eine dritte Epoche meines Lebens, denn meine Kindheit in Odense und die dreijährigen Abenteuer in Kopenhagen stellen gewiß zwei höchst verschiedene Zeitabschnitte dar. – Ich rollte mit der Post in Richtung Slagelse, es war Samstag, der 20. November 1822. Eine Vorstellung vom Schulleben hatte ich nicht; ich wußte nur, daß ich in Kost bei einer recht wohlhabenden Witwe sollte, die mich mit allem versorgen würde, so daß ich von jeder Sorge um mein Auskommen befreit wäre. Meisling, der dort Rektor war, hatte ein Gedicht geschrieben, das ich schön und rührend fand: *Elegie an die Kindheit,* dies war das einzige, was ich über ihn wußte, und es machte mir guten Mut. Ein paar junge Leute, die im Oktober Abitur gemacht hatten, fuhren mit derselben Post nach Hause; sie waren vergnügt, ich war es auch, und wir sangen an dem schönen Herbsttag lustige Lieder.

Am späten Abend kamen wir in Slagelse an, und als ich im Gasthaus die Madam nach den Merkwürdigkeiten der Stadt befragte, nannte sie vor allem Bastholms Bibliothek und die neue englische Feuerwehrspritze. – Ich erhielt ein kleines Zimmer, und bevor ich mich zur Ruhe legte, bat ich den lieben Gott, er möge mir stets wohlgesonnen sein, damit ich recht vorankommen und fleißig und gut sein könnte. Betete mein Vaterunser, wie es noch heute meine Gewohnheit ist, doch nur einige wenige Male habe ich es seitdem mit so großer Innigkeit gesprochen.

Früh am nächsten Morgen ging ich zur Schule, um Rektor Meisling meine Visite abzustatten. Er empfing mich freundlich, ja herzlich, kann ich sagen, und erzählte, daß er nach einem Brief von Collin alles aufs beste für mich arrangiert hätte. – Gleich am ersten Abend las ich ihm meine *Elfensonne* und *Das Gespenst an Palnatokes Grab* vor, wozu zwei Schüler der obersten Klasse eingeladen waren, und ich war ordentlich ein bißchen stolz, daß ich zeigen konnte, was für ein Kerl ich sei.

Ich kam nun zu Madame Henneberg, einer Amtsvorsteherwitwe, ins Haus, wo ich zusammen mit einem zweiten Schüler wohnen sollte, der ein Sohn von Pfarrer Fischer in der Nähe von Ringsted war. Am Montag morgen wurde ich in die zweite (die zweitunterste) Klasse der Schule aufgenommen; Meisling setzte mich an einen Tisch, der etwa in der Mitte des Raumes stand. Die anderen Schüler waren fast noch Kinder, ich überragte sie alle, und sie sahen ihren neuen Kameraden verwundert an. – Mit Latein, Griechisch, Geometrie, Geschichte, Geographie, kurz mit allem, sogar mit Schreiben und Rechnen, mußte ich von vorn anfangen; in allen Fächern wußte ich so gut wie nichts. – Ein Geometriebuch hatte ich noch nie gesehen, und auf der Karte wußte ich nicht einmal Kopenhagen zu finden. – Alles war für mich von großem Interesse, doch ich wurde von der Masse überwältigt, ich war in ein ganz neues, fremdes Leben hineingeraten, auch meine Umgebung war ganz anders als zuvor, und das hatte auf mich eine sonderbare Wirkung.

Ein alter Mann namens Snitker unterrichtete uns (die zweite Klasse) in Latein; er war ein echtes Original, jedoch voller Güte (ich habe ihn später in meinen *Schattenbildern* geschildert), und war schon Lehrer in Slagelse gewesen, als Ingemann, Jens Møller und der Schauspieler Rosenkilde hier zur Schule gegangen waren. – »Ja, solche Männer haben wir hier gehabt!« sagte er. »Und Baggesen ist auch hier gewesen, nun zeigen Sie mir mal, daß auch SIE unsrer

Schule Ehre machen!« Ich fühlte mich davon geschmeichelt. Alle Lehrer waren zu mir sehr freundlich; Meisling lud mich jeden Sonntag zu sich ein, und weil ich so groß war, ließ er mich stets mit der obersten Klasse zur Kirche gehen, denn jede Klasse ging für sich – doch die Kleinen in meiner eigenen Klasse nahmen daran Anstoß.

Doch bei den Lehrern wie auch bei Meisling hielt die Höflichkeit und Freundlichkeit nur einen Monat an. – Ich war sehr fleißig, aber dieses vollkommen Neue, diese vielen verschiedenen Dinge, das wollte nicht recht gehen; ich lernte den Stoff zwar, konnte ihn jedoch nicht ordentlich wiedergeben, was angesichts meines ungebildeten Zustands, meines verträumten Wesens, das noch nie über etwas reflektiert hatte, eine natürliche Sache war. – Nur Oberlehrer Qvistgaard blieb gegen mich derselbe. Er war bis zu seinem zwanzigsten Jahr Bauernknecht gewesen, hatte auch erst in diesem Alter mit dem Lernen angefangen und machte mir Mut. Um ihm meine Dankbarkeit zu zeigen, lernte ich meine Sachen für ihn besonders gut, doch wir hatten ihn nur in Religion und Biblischer Geschichte. Er war ein vorzüglicher Religionslehrer, und seine Worte fielen bei mir auf fruchtbaren Boden.

Von morgens um acht bis mittags um zwölf und dann von drei bis sechs saß ich in der Schule, was ein ganz anderes Leben war als das lose, flatternde in Kopenhagen. Daß es in meiner Umgebung viel Komisches gab, habe ich erst später, als ich kurz vor dem Abitur wieder nach Kopenhagen kam, im rechten Licht gesehen. – So besaß Lehrer Snitker mehrere Töchter, die sich mit Jungen von der Schule verlobt und sie dann später, als Männer, geheiratet hatten. Nur eine, die kleine Signe, war noch übrig; von ihr sprach er häufig und hob lobend hervor, daß er aus dieser Klasse schon einige Schwiegersöhne bekommen habe. – Der Geschichtslehrer Andersen hatte zu Hause kein gutes Leben; er war stets mürrisch und sonderbar, kaute heftig auf seinen rötlichen

Koteletten und erzählte merkwürdige Geschichten. Mich beschimpfte er einmal als »so einen langen Kerl zum Durchschneiden, aus dem könnte man zwei junge Hunde machen!« – Vor dem Mathematiklehrer konnte man keine sehr große Achtung haben, und Meisling behandelte sie alle mit Hohn und Spott.

Bei Madame Henneberg hatte ich eine kleine Kammer und ein Gartenzimmer und lebte mit dem zweiten Schüler recht friedlich zusammen. Er war ziemlich ungehobelt, kam ein paar Abende betrunken nach Hause, so daß ich erschrokken zu Madame Henneberg floh und dort auf dem Sofa schlief. – Meine Fenster wurden von Weinranken eingerahmt, der kleine Garten grenzte ans freie Feld, wo sich auf einem Hügel der Richtplatz von Slagelse befand. – Oft saß ich abends allein im Garten, sang wie weiland in Odense, und auch hier lauschten die Nachbarn am Zaun und sagten, ich hätte eine schöne Stimme.

Alle vierzehn Tage gab die Dramatische Gesellschaft eine Vorstellung. Die Bühne befand sich in einem Hinterhaus, wo vormals ein Stall gewesen war. Von der Decke hing ein kleiner eiserner Kronleuchter mit Unschlittkerzen, die so entsetzlich tropften, daß der Platz darunter stets frei blieb, auch wenn das Haus noch so überfüllt war. – Auf den Vorhang war ein Springbrunnen gemalt, dessen Strahl direkt aus dem Souffleurkasten aufstieg. – Als Straßendekoration hatte der Maler den Markt von Slagelse dargestellt, den man also in jedem Stück als Schauplatz sah. Die Walddekoration war auf die hinterste Wand gemalt, was häufig zu großer Verlegenheit führte; so ließ sich der neuangeschaffte praktikable Mond unmöglich anders anbringen als VOR den Baumwipfeln des hinteren Vorhangs.

Für die Generalprobe bekam jedes Mitglied der Gesellschaft für sein Gesinde zwei Eintrittskarten, außerdem hatten die Schüler freien Eintritt, denn der Direktor wünschte ein volles Haus, damit sich die Spieler daran gewöhnen

27

konnten, vor einer Menge aufzutreten. So war eine große Zahl von Dienstmädchen und Knechten im Saal. Das Orchester bestand aus einem alten Gärtner und zwei Gesellen aus der Stadt, gewöhnlich spielten sie nur Molinaski, und die Jungen trampelten den Takt.

Indessen näherte sich das Weihnachtsfest. Meisling, der sich in dieser kleinen Stadt nicht recht wohl fühlte, freute sich nun auf einen Ausflug nach Kopenhagen. In Slagelse gab es nur eine einzige Kutsche, die, obgleich sie sehr gebrechlich war, von allen benutzt wurde. Zu Weihnachten sollte ein Ball stattfinden, doch zum Leidwesen der Damen, die sich nun dorthin tragen lassen mußten, mietete Meisling die Kutsche für seine Reise und bot auch mir einen Platz darin an. – Er, seine Frau, das Dienstmädchen, vier Kinder und ich wurden in das schwächliche Gefährt gepackt. Unter seinen Sitz wurden ein paar Eierkuchen zwischen zwei Korbdeckeln verstaut; die gnädige Frau hatte eine Tüte Zucker in ihrem Beutel. Damit die Kinder nicht frieren sollten, wurden wir allesamt mit einem großen Federbett zugedeckt. Nachts zündeten wir eine Laterne an, holten die Karten hervor, und dann wurde gespielt, während die Gnädige recht lustig aus *Don Giovanni* sang: »O flieh, Betrogne, flieh, und trau dem Falschen nicht.«

Als wir in der Hauptstadt eintrafen, waren wir mit Daunen übersät. Die alte Madame Jürgensen nahm mich recht herzlich auf und gewährte mir für meinen kurzen Besuch Logis. – Nun speiste ich zum ersten Mal bei Etatsrat Collin. Alle in seinem Haus behandelten mich etwas kühl, doch Collin war die Freundlichkeit in Person, ermutigte und tröstete mich, was meine Schulsorgen betraf, äußerte sich zufrieden mit meinen Zensuren, denn ich hatte ihm mein Zensurenbuch mitgebracht, und bat mich, ihm diese jeden Monat mitzuteilen und ihm stets offen und ehrlich zu berichten, wie es mir ginge. – Ich faßte zu ihm inniges Vertrauen, doch gleichzeitig sah ich ihn als ein Wesen an, das mein Leben und mein Schicksal in seiner Hand hielt, und empfand eine sonderbare Furcht und Ehrerbietung.

Erst mit dem Beginn des neuen Jahres ging mein Schulleben recht eigentlich seinen bestimmten Gang. – Ich hatte viele dunkle Augenblicke; die Lehrer behandelten mich wie die übrigen Jungen auch, und ich hätte doch eine ganz andere Lehrmethode genießen sollen – wie aber konnte ich das verlangen, in einer Schule geht alles fabrikmäßig zu. Meisling hatte eine ganz schlimme Art zu spotten; zum Glück hatten wir ihn nur eine Stunde pro Woche (in Aufsatz), doch meine Angst vor ihm war so groß, daß ich oft im tiefsten Herzen darum flehte, daß sein Kachelofen in Flammen aufgehen oder daß etwas Ähnliches eintreffen möge, was ihn am Erscheinen hindern könnte. – Fragte er mich etwas, dann war meine Antwort, selbst wenn sie richtig war, so verwirrt, daß er meine Worte sogleich verdrehte, damit sie noch komischer wirkten und die anderen zum Lachen brachten – aber für mich war das vernichtend. – Vielleicht meinte er es gut, und es war nun einmal seine Art, auf dergleichen zu reagieren, nur für ein Wesen von meiner Natur war es ganz verhängnisvoll. Ich wurde trübsinnig, aber noch siegte meine lebhafte, fröhliche Natur.

Collin hatte mir sanft und freundlich erklärt, er wünsche nicht, daß ich während meiner Schulzeit zu viele Verse schriebe, deshalb wurde mir das Schreiben zu einer Sache des Gewissens, einer förmlichen Sünde. Im ersten Jahr schrieb ich nur ein Gedicht, und zwar über Gutfeld. Er war gestorben, und ich verdankte ihm einiges und liebte diesen Mann. Das Gedicht erschien, ohne meinen Namen, in der »Slagelse Avis«, und dadurch lernte mich Pfarrer Bastholm kennen. Als ich ihm meine *Elfensonne* lieh, schrieb er mir einen freundlichen Brief und ermunterte mich, zu studieren und so meine poetische Anlage mehr und mehr auszubilden.

Nun sollte Meisling als Rektor eingesetzt werden, in Gegenwart von Bischof Münter, und der Gesangslehrer der

Schule bat mich darum, ein Lied zu schreiben, das die Schüler zu einer bestimmten Melodie absingen sollten. Ich war sehr stolz darauf, und das Lied wurde in der Klosterkirche gesungen. Bei dieser Gelegenheit geriet ich auf den dazugehörigen alten Friedhof, wo die Frauen des Hospitals Wäsche trockneten, und mitten dazwischen fand ich das Grab des Dichters Frankenau, verfallen und vergessen. Da verging der Stolz auf mein Werk, ich wurde von einer so tiefen Wehmut ergriffen, daß ich in Tränen ausbrach und man mich holen mußte, als der Gesang beginnen sollte.

Zur gleichen Zeit, während der Osterferien, dichtete ich ein kleines Gedicht, *Für meine Mutter*, das in meinen *Gedichten* abgedruckt ist, erschienen 1830. – Die Tragödie *Elfensonne* las ich noch mehreren Leuten vor, bis mir Meisling dieses verbot, was ja recht vernünftig sein mochte, jedoch zur Folge hatte, daß meine Furcht vor ihm noch größer wurde. Trotzdem ging ich jeden Sonntag in sein Haus, und dann war er recht freundlich. Wir räumten die Schultische der obersten Klasse weg, seine Kinder und einige Schüler kamen dazu, er machte sich den Spaß, uns in einem kleinen Handwagen herumzufahren, spielte mit uns Pfänderspiele und Schwarzer Peter.

In einem der ersten Monate, als meine Zensuren besser ausfielen, dachte ich recht über mein Glück nach und machte mir auch viele Gedanken über Guldberg. Ich fand, ich müsse ihn doch wiedergewinnen, und beschloß, ihm alle meine Zensuren mitzuteilen.

Bevor ich noch etwas davon ahnte, daß ich die höhere Schule besuchen würde, hatte ich beschlossen, ihm *Elfensonne* zu widmen und dadurch meine Dankbarkeit zu beweisen. Das war ihm zu Ohren gekommen, und er hatte mir mit der Fußbotenpost den folgenden Brief geschickt, den ich abschreiben will, um zu zeigen, daß ich wohl ein wenig in Widerstreit mit mir selbst sein konnte, auf welche Art ich an ihn schreiben dürfte.

»An Herrn Andersen, Eleve am Königlichen Theater.

Falls Sie glauben, mir irgendeine Verbindlichkeit zu schulden, dann nur die eine, daß Sie EIN FÜR ALLEMAL den Vorsatz aufgeben, mir eine Arbeit zuzueignen, die Sie beabsichtigen sollen, in Druck zu geben. Mir ist jeder öffentliche Verweis auf mich derart zuwider, daß Sie mir nicht leicht EIN GRÖSSERES ÄRGERNIS als das bereiten können, mich auf irgendeine Weise, auf welche auch immer, als denjenigen zu benennen, der etwas für Sie getan hat. – Sie haben die Möglichkeiten, etwas zu lernen, die ich Ihnen eröffnet habe, nicht genutzt und damit die erste, DIE GROSSE Gelegenheit, sich dankbar gegen mich zu zeigen, verstreichen lassen; lassen Sie nun auch die kleinere, DIE WINZIG KLEINE, fahren und nennen Sie nicht vor einem Dutzend Lesern meinen Namen. – Was ich für Sie getan habe, das weiß jener, den es als einzigen angeht, das weiß Gott im Himmel; er allein möge zwischen uns richten!

15. Juli 1822 F. HØEGH-GULDBERG«

Dieser Brief hatte mich beim Empfang beinah zerschmettert; jetzt dagegen fand ich ihn in Übereinstimmung mit Guldbergs Charakter – er hatte ihn im Zorn verfaßt. Deshalb schrieb ich ihm nun herzlich und natürlich, und am nächsten Posttag bekam ich eine recht freundliche Antwort. Er war mir nicht länger böse, freute sich über meine Zensuren, wir waren wieder Freunde, und das erleichterte mein Herz. – Seitdem schrieb er mir regelmäßig, erkundigte sich nach meinen Fortschritten, äußerte sich freundlich und herzlich, ja, ich habe sogar einen Brief, der größtenteils in Versen ist. Er bemerkte, daß ich noch mein kindliches Gemüt besaß, und sah voraus, daß es mir gut ergehen würde.

Als im nächsten Jahr die Osterferien nahten, erwachte in mir die Lust, heim nach Odense zu fahren, um meine Mutter und alle Bekannten wiederzusehen – jetzt konnte ich mich mit Ehren zeigen. Oh, wie freute ich mich darauf!

Indessen hatte Meisling allein eine Reise nach Kopenhagen vor, und als ich ihm sagte, wie gern ich nach Odense führe, entgegnete er, er sähe es lieber, daß ich in Slagelse bliebe, um mit seinen Kindern zu spielen; doch acht Tage gestattete er, und so durfte ich nur für acht Tage nach Hause fliegen.

Welch eine Freude! Frühmorgens um drei wanderte ich in meinen besten Kleidern und mit einem Packen Leinen in einem Tuch nach Korsør. Mit der Schmacke überquerte ich in einigen Stunden den Großen Belt, und dann wanderte ich auf meine liebe Heimatstadt zu, die ich vor etwas mehr als drei Jahren so abenteuerlich verlassen hatte. Gott, wie mir das Herz klopfte!

Sobald ich den Kirchturm von Sankt Knud erblickte, kniete ich nieder und weinte vor Freude; ja, ich dankte dem lieben, guten Gott, der mich so väterlich vorangebracht, und sang meinen Jubel und meine innige Freude laut heraus. Als ich in die Stadt eintrat, erschien mir alles wie ein Traum; in der ersten Straße begegnete ich meiner Mutter, sie weinte und konnte mein Glück gar nicht recht fassen. – Vom alten Iversen und seiner ganzen Familie wurde ich empfangen wie ein Kind des Hauses. Guldbergs bezeigten mir große Freundlichkeit, und ich gewann den Oberst recht lieb, er war ja auch der Bruder meines Wohltäters. Die Leute betrachteten mich mit Verwunderung, die einfachen, die mich schon vorher gekannt hatten, nannten mich Herr Christian, denn meinen Familiennamen wußten sie nicht recht. – Ich besuchte den Nonnenhügel, den Hunderup-Wald, und es kam mir so vor, als wäre mein ganzes Kopenhagener Leben nur ein Traum gewesen. – Doch meine alte Großmutter war gestorben. Ach, hätte sie doch nur gelebt und mich jetzt gesehen, die liebe, liebe Alte! – Sie war auf dem Armenfriedhof begraben, wo ich ihr Grab nicht finden konnte. Dagegen fand ich das meines Vaters, das geschleift war, denn dieser Teil des Friedhofs sollte in einen Blumengarten verwandelt werden. Ich sah Knochen, die man ausgegraben hatte, und drückte sie tiefer in die Erde. – An jenem Ort, wo er begraben wurde, wachsen jetzt Rosenbüsche.

Meine Mutter war stolz und glücklich, und damit alle Leute mich sehen sollten, wie es ihr Wunsch war, verlangte sie von mir, daß ich jeder Familie in der ganzen Straße, in der sie wohnte, einen Besuch abstattete – das sei doch das mindeste, was ich tun könne. »Alle rufen und schreien sie nach mir«, sagte sie, »du mußt gehen!« – Als ich eines Abends bei Oberst Guldberg war, kam sie mich holen, weil eine Hausmamsell des Fabrikanten mich sehen wollte – das konnte ich ihr nicht abschlagen und ging also mit. Die Mamsell betrachtete mich verschämt, knickste, und wir wechselten nicht viele Worte. – Die alte Jungfer Bunkeflod, die ich nun sogleich besuchte, erzählte mir ein paar Dinge, die für meine Mutter charakteristisch waren, eines davon will ich erwähnen: Während ich noch in Kopenhagen war, kam sie mit meinen Briefen stets zu Bunkeflods, weil sie selbst nicht lesen konnte. – Nun hatte sie etwas davon gehört, daß Guldberg in der Militärakademie eine Rede gehalten hatte und daß die Einnahme mir zugefallen war. Weil sie felsenfest daran glaubte, daß die Rede von mir geschrieben sei, besorgte sie sich die Schrift, bat die Jungfer, sie ihr vorzulesen, und weinte dabei heiße Tränen. In dieser Rede, die dem Geburtstag des Königs gewidmet war, fiel einmal das Wort »Alte« – da sagte sie: »Das ist die alte Großmutter!« – Bei »Landesvater« sagte sie: »Ja, die gute Seele!«, und meinte, das sei mein Vater. Und bei »Landesmutter« dachte sie nur an das Wort »Mutter« und glaubte, das sei sie selbst.

Mein Urlaub verging wie im Fluge, die Tage waren vorüber, ich mußte zurückkehren. Es war ein kurzer, ein schöner, poetischer Traum in meiner Schulzeit. – Oberst Guldberg aus Odense schickte mir bald einen Brief, wie ihn ein Vater an seinen Sohn schreibt – ein solches Herz brauchte ich, und nun beichtete ich ihm jeden meiner Gedanken. In allen seinen Briefen war er bestrebt, mir Mut und Selbstvertrauen einzuflößen, und noch in diesem Augenblick ist er für mich ein naher Verwandter, wie ein Vater zu Hause in meiner Heimatstadt. – Auch die jetzige Frau Kommandeur Wulff schrieb mir fast alle vierzehn Tage und nahm sich recht mütterlich meiner an; nur bisweilen, wenn sie über mein Gejammer die Geduld verlor, war sie ein wenig streng, doch ansonsten wie eine wahre Mutter zu mir. – Collin war sehr liebenswürdig, sprach mir in seinen Briefen Mut zu und äußerte sich mit meinen Fortschritten zufrieden, was ich selbst gar nicht war.

Meisling, der etwas Ordnung und Festigkeit in mein Wesen bringen wollte, hielt es gewiß für richtig, mich mit Strenge zu behandeln. Die Lehrer waren so seltsam spießbürgerlich, und meine Umgebung war für meine Gefühle und Ideen so wenig empfänglich, daß all mein Lebensmut, all meine jugendliche Laune mit einem Mal welkten. Ich fand meine Fortschritte nicht groß genug, meine Eitelkeit wurde jeden Augenblick verletzt; ich lernte bis in die dunkle Nacht. Meisling glaubte, er könne mich noch schneller vorwärtstreiben, indem er mich unentwegt bloßstellte, was mich oft zur Verzweiflung brachte. So manches Mal weinte ich in meiner Einsamkeit zu Hause, glaubte, meine Wohltäter hätten sich in mir getäuscht, ich taugte zu gar nichts, und begann mich deshalb nach dem Tod zu sehnen. – Ich hatte einen großen Hang zur Schwärmerei, der jetzt noch größer wurde; ich spürte einen Drang zum Dichten, brachte auch einige Male einen Ausbruch aufs Papier und versank dann wieder in Verzweiflung – denn Collin wünschte nicht, daß ich dichtete. Ich hielt mich darum selbst für einen schlechten Menschen und versuchte Buße zu tun, indem ich mein Studium verdoppelte.

Im Sommer wanderte ich abends oft allein zum Schloß Antvorskov, von dem nur noch ein Flügel stand. Mauerbrokken lagen zwischen den hohen Nesseln, oft saß ich im Mondschein da und fürchtete mich, daß die Mönche hier spuken könnten, denn ich war sehr abergläubisch. Auf der anderen Seite der Stadt befand sich der »Ruhehügel«, wo, wie die Sage berichtet, der heilige Anders aufgewacht ist, nachdem er in Joppe bei Jerusalem in Schlaf gefallen war. Auf diesem Hügel stand ein Holzkreuz mit dem Bild Christi. Das nahm sich fremd und katholisch für mich aus, deshalb spazierte ich oft hierher, schaute über den Belt nach Fünen und machte mir viele sonderbare Gedanken über meine Zukunft, über das Leben und die Welt. Am allerwenigsten dachte ich daran, daß mich der Gespenster-Hertz mehrere Jahre später nach diesem Hügel zum Spott mit dem Namen »Heiliger Andersen« versehen sollte – doch er kannte mich nicht besser, als ich den seligen Hauptpastor Anders kannte.

Obwohl ich mich mit den anderen Schülern gut verstand und die Lehrer mich im Grunde mochten, war meine Stimmung nicht gut. Im September 1823 fand das Hauptexamen statt; es war mein Wunsch und meine Hoffnung, bei dieser Gelegenheit in die dritte (die zweithöchste) Klasse versetzt zu werden. Sollte mir das nicht gelingen, so dachte ich, dann müßte Collin meiner überdrüssig werden, dann taugte ich zu nichts. Ich lernte wie ein Verzweifelter, und zum Abschluß des Examens schrieb mir Meisling die folgende Bemerkung in mein Zensurenbuch:

»Am Ende des Schuljahres kann ich nicht umhin, H.C. Andersen für den unverdrossenen Fleiß, mit dem er, insonderheit während der zweiten Hälfte des Jahres, bestrebt gewesen ist, sich einen Teil der für ein weiteres Fortkommen notwendigen Vorkenntnisse zu erwerben, ein wohlverdientes Lob zu erteilen. Zur Belohnung sowie zur weiteren Ermunterung wird er in die dritte Klasse der Schule aufgenommen.

6.10.23 MEISLING«

Das machte mich unsagbar glücklich; meine Freunde schrieben mir ermunternde Briefe, Collin äußerte seine Zufriedenheit, ich wurde jugendlich-froh und fühlte mich wie neugeboren. – Die Kronprinzessin schickte mir etwas Taschengeld, und als ich zum Weihnachtsfest nach Kopenhagen fuhr, vergnügte ich mich prächtig. Doch nur acht Tage durfte ich dort bleiben, dann mußte ich zurück und mit Meislings Kindern spielen – das verlangte er ja!

In dieser Zeit wohnte ich bei Verwalter Balling, der ein liebenswürdiger, gütiger Mann war und mir schon häufig, bevor ich nach Slagelse gekommen war, Güte bezeigt hatte. An jedem der wenigen Tage, die ich in Kopenhagen war, besuchte ich mit ihm das Parterre des Theaters und war selig. – Als einen Beweis dafür, wie groß meine Liebe zum Theater noch war, kann ich anführen, daß ich lieber erst am Sonntagmorgen aufbrechen und den ganzen Weg nach Slagelse zu Fuß gehen wollte, als daß ich am Samstag mit der Post gefahren wäre und auf das Stück, das am Abend gespielt wurde, verzichtet hätte. Die Ferien dauerten noch acht oder zehn Tage, da mich Meisling jedoch am ersten Montag darauf wieder im Haus haben wollte, wanderte ich also, nachdem ich die Samstagskomödie gesehen hatte, zu Fuß zurück, mit etwas Taschengeld von Ballings sowie mehreren Romanen von Walter Scott, die ich zu Weihnachten geschenkt bekommen hatte. Es herrschte strenger Frost, ich war ein vorzüglicher Fußgänger, und als einmal meine Finger vor Kälte abgestorben waren, mußte ich ihnen wieder Leben einhauchen. Zwischen Roskilde und Ringsted setzte Schneetreiben ein, ich ging mitten auf der Landstraße, schaute hin und wieder in Shakespeares *Sturm*, sang lustig beim Wandern und kam, auf eigenen Füßen, nachts um eins in Slagelse an, schlief in meinem Logis und war am Montagmorgen bei Frau Meisling und den Kindern.

Mit dem Schulbeginn brachen erst recht schwere Tage für mich an. Meisling kehrte stets schlechtgelaunt nach

Slagelse zurück; wir hatten bei ihm täglich eine Stunde Griechisch. Obwohl er so milde zu mir gewesen war und mich in die nächste Klasse versetzt hatte, fing er doch gleich wieder damit an, alles, was ich sagte, zu verspotten und ins Lächerliche zu ziehen. – Er hat alle in der Klasse schlimm behandelt, doch ich war der älteste, ich habe es gewiß am tiefsten empfunden. – Dieser Mann war ein vorzüglicher Kopf, jedoch nicht dafür geeignet, junge Menschen zu erziehen. – Auch mein Äußeres diente ihm als Zielscheibe für seine Einfälle, die nicht immer witzig waren. »Shakespeare mit den Vampiraugen« nannte er mich. Häufig brach ich in Tränen aus, dann ließ er den jungen Grafen Schmettau von draußen einen Feldstein holen und vor mich hinlegen, damit ich mir die Augen trocknen könnte.

Ich versank in eine wehmütige Stimmung, alle meine Briefe atmeten Wehklage. Guldberg in Odense redete mir wie ein Vater zu und predigte mir, daß ich Verstand und Genie besäße. Ich hatte meine Zweifel daran, denn Meisling verhielt sich zu mir stets unverändert. Eine Zeitlang schaffte ich es sogar, der Klassenerste zu sein; da aber saß ich ihm noch näher, und das veranlaßte ihn zu noch bissigerem Spott, wenn ich vor Angst meine Antworten in verwirrter Reihenfolge vortrug. – Eines Tages hatte ein anderer Schüler auf meinen Homer-Band einen dummen Vers geschrieben, M. las ihn und fuhr mich heftig an. Darauf entgegnete ich: »Aber das ist nicht von mir, wie Sie sehen, gleicht die Schrift nicht meiner Hand!« – »Aber Ihrem VERSTAND!« antwortete er. »Sie sind ein stupider Kerl, aus Ihnen wird nie etwas! Wenn Sie einmal auf eigenen Füßen stehen, werden Sie gewiß einen Haufen Papier beschmieren, aber kein Mensch wird Ihr Geschreibsel lesen, Buchhändler Soldin wird es als Makulatur verkaufen. – Na, Sie werden doch wohl nicht weinen! So ein langer Lulatsch!« – Das war seine Art, mich zu erziehen. Ich möchte annehmen, daß er es gut mit mir meinte, denn in Kopenhagen sagte er von mir Gutes und ließ mich sonntags auch in sein Haus kommen – aber die rechte Erziehung war das nicht. Ich war tief traurig und niedergeschlagen, doch mein Gemüt war noch ganz kindlich; eine kleine Freude, ein freundliches Wort schenkten mir wieder für mehrere Stunden Lebenshoffnung und Zufriedenheit.

Ingemann lebte mit seiner Frau als Lektor in Sorø, das war nur zwei Meilen von Slagelse entfernt, und in den kleineren Ferien machte ich oft einen Tagesausflug zu ihm. Das war für mich ein Paradies! Mit ihm durfte ich über Poesie reden; oft dichtete ich auf dem Weg nach Sorø ein paar Kleingedichte, und er las sie immer. Wir fuhren über den Sorø-See zum Wirtshaus »Parnaß«, einmal mit einer Äolsharfe im Mast, und abends sangen wir (Ingemann, seine Gattin und ich) Hymnen von Schulz zum Klavier.

Einmal verspürte ich in den Ferien einen unbändigen Drang zum Dichten. In dieser Zeit, fand ich, konnte das keine Sünde sein. Christian II. erschien mir sehr interessant, und ich wollte ihn in einem Roman gestalten. Ich fing damit an, schrieb ein paar Kapitel und las sie Ingemann vor (der kurz vorher seinen *Valdemar* vollendet hatte). Er lobte sie sehr und sagte, ich hätte entschieden Talent für den Roman, vor allem das Volksleben könne ich schildern. – Ich las nun Krog Meyers Lehrbuch und hörte Qvistgaards Vortrag darüber, was mir half, meine Begriffe von Religion weiterzuentwickeln. Nach einer solchen Stunde schrieb ich, als Impromptu direkt aufs Papier, das Gedicht *Die Seele*, das in meinen *Gedichten* gedruckt ist. Ingemann fand es schön, zog jedoch meine komische Prosa vor.

Während eines solchen Ausflugs nach Sorø schloß ich Bekanntschaft mit einem Schüler der Akademie, der mir schon vorher interessant erschienen war, denn ich hatte gehört, daß er Verse schreiben und ein vorzüglicher Kopf sein sollte. Er kam im Garten der Akademie auf mich zu, und wir wurden bald Freunde. Er war der erste Altersgenosse, zu dem ich mich hingezogen fühlte, dem ich mich recht anvertraute. (Es war der Jurist Carl Bagger.) Ansonsten waren wir höchst unterschiedliche Naturen, jedoch beide poetisch, nur war er mir an Kenntnissen weit überlegen.

II

Mehr als in Odense, wo ich ja auch nur in meiner Kinderphantasie gelebt hatte, bekam ich in Slagelse einen Begriff vom Geist der kleinen Provinzstädte. – An jedem Rosenmontag versammelten sich die entsprechenden Bürger im Posthof und schlugen die Katze von der Tonne, selbst einige Lehrer beteiligten sich daran; ich schrieb, anonym, sogar ein Lied für dieses Fest, das wie folgt begann:

»Wie wir heut bewiesen haben,
Ist der Norden noch voll Kraft!«

Auf dem Marktplatz schlugen die Dienstleute einen Topf entzwei, und für die Bauern fand ein Fastnachtsringreiten statt.

Es gab nicht nur private Theateraufführungen, auch reisende Gesellschaften kamen und spielten große Stücke. So Bigums Gesellschaft, die zwölf Vorstellungen gab, davon elf Tragödien und nur ein Lustspiel. Ich habe Schillers *Räuber* gesehen, die Aufführung begann erst abends um acht und dauerte deshalb bis gegen zwölf. Die Talgkerzen brannten im Kronleuchter herunter, weil es so heiß war, wurden die Luken geöffnet, und nun krochen die Leute von draußen aufs Dach und schauten hinein, bis ihnen die Polizei eins auf die Finger gab, während Karl Moor mit größtem Pathos deklamierte.

Im Sommer veranstaltete man ein Vogelschießen, und einen Tag vorher wurde das Tanzzelt geschmückt. Sämtliche jungen Damen der Stadt banden dafür Girlanden, die Offiziere des Ulanenregiments und die Lateinschüler brachten den Mädchen Blumen und halfen ihnen. – Frau Meisling beteiligte sich daran, und so hatte M. nichts dagegen einzuwenden, daß auch ich dabei war. – Anders endeten einige Singübungen, die der Gesanglehrer arrangiert hatte. Wir sollten uns nämlich an jedem zweiten Sonntag abends bei dieser oder jener gebildeten Familie versammeln, die singenden Damen sollten dazukommen, und dann wollten wir große Dinge vollbringen. Auch Frau Meisling, die, wie sie sagte, acht Jahre Gesangsunterricht bei Zinck gehabt hatte, wollte mitmachen, doch weil die ganze Stadt schlecht von ihr redete, wollte keine der Damen sie dabeihaben. Darüber ärgerte sie sich, und Meisling verbot uns die Teilnahme. Er sagte, wir könnten ja tun, was wir wollten, aber wenn wir unsre Aufgaben nicht wie am Schnürchen könnten, dann würde ER schon mit uns singen, und da wagte es keiner, sich ihm zu widersetzen.

Wie es das Unglück wollte, hatte ich in einer Gesellschaft eines der vielen bei Guldberg gelernten Gedichte deklamiert, und Meisling hatte durch den Mathematiklehrer, der ihm alles berichtete, davon erfahren. Er rief mich deswegen zu sich, schimpfte mich entsetzlich aus und sagte, er würde das Collin melden, ich solle die Schule verlassen, ich sei vollkommen untauglich, und er wolle mich nicht länger dulden. Ich war verzweifelt, schrieb das Ganze ehrlich an Collin, schüttete auch Guldberg und Frau Wulff mein Herz aus und sagte: Es bleibe mir nichts anderes übrig, ich wolle jetzt nach Amerika gehen. Collin und Guldberg trösteten mich, Frau Wulff wies mich zurecht: Was ich doch für ein Kind sei, daß ich über »gar nichts«, wie sie es nannte, sogleich verzweifelte.

In der Schule war alles beim alten; in Religion, Biblischer Geschichte, Dänisch, Dänischem Aufsatz und Gesang bekam ich fast immer »Vorzüglich«, diese Note hatte ich auch bei allen Lehrern in Betragen. Als ich einmal ein »Sehr gut« bekam, war ich ganz unglücklich darüber und schrieb Collin

einen jammervollen Brief, in dem ich Gott zum Zeugen dafür anrief, daß ich in diesem Monat, wo ich nur ein »Sehr gut« zu vermelden hätte, nicht im geringsten schlechter als in den vorherigen Monaten gewesen sei.

In meinem Logis war es sehr still. Madame Henneberg war eine ehrbare Frau; doch ich wunderte mich darüber, daß sie sich mit den Dichtern fast gar nicht auskannte, während ihre beiden Töchter besser Bescheid wußten. Eines Tages sprachen wir über Shakespeare. »Besuchen Sie den auch?« fragte sie ganz naiv, denn sie hatte gehört, daß ich während meiner Aufenthalte in Kopenhagen Oehlenschläger und mehrere andere bekannte Leute besuchen ging. – Ihre alte Schwester, die nachts im Kloster schlief und sich am Tage im Haus nützlich machte, war närrisch und ein echtes Original; an ihren Namen kann ich mich nicht erinnern, sie wurde von der ganzen Stadt Tante genannt. Sie war groß und mager, hatte eine breite Stupsnase, vorstehende Jochbeine und breite Lippen. Auf der Straße trug sie einen engen Mantel, einen ungeheuren Hut, der ihr tief im Nakken saß, und dazu einen entsetzlich großen Nähbeutel; zu Hause war sie mit einem engen, weißen Nachthemd und einer roten Haube aus Kattun bekleidet. – Einmal hörte ich in meinem Zimmer ein abscheuliches Heulen, das aus dem nahe gelegenen Torfschuppen kam, und als ich nachsehen ging, war es Tante, die man geärgert hatte. Sie saß mitten im Torf, hatte sich die Haube abgerissen, so daß die langen grauen Haare ihr häßliches Gesicht umflatterten, sie schrie und trampelte, daß die Torfstücke durch die Luft flogen, und ich lief erschrocken davon. – Oft war sie einen halben Tag verschwunden, und gewöhnlich fand man sie dann im Garten, an jener Stelle, wo ein dünnes Holzgitter zum Feld hinausführte. Hier stand sie, mit der Nase zwischen zwei Latten, nahm ein Bad in der Sonne und starrte wie im Halbschlaf auf das flache Feld. – Sie hatte zahlreiche Einfälle und lag in einem ewigen Kampf mit dem Dienstmädchen, das zwar auch dumm war, sich jedoch mir gegenüber stets mit den Worten tröstete: »Ich danke unserem Herrgott, daß ich einen guten Verstand besitze, sonst könnte man ja über dieses verrückte Mensch noch verrückt werden!« – Einmal kam sie weinend zu mir und erzählte, Tante habe die Waschfrau aufgehetzt: immer wenn sie die Laken nach der einen Seite auswringe, so wringe die Waschfrau sie aus lauter Schikane zur selben Seite aus. »Oh«, sagte sie, »man hat doch nur Krakeel in der Welt!« – Wenn die Theatergesellschaft ihre Generalprobe abhielt, wechselten sich Tante und das Dienstmädchen mit dem Besuch ab, und dabei kam es wegen der Stücke auch zum Streit. Die Generalprobe für *Die Feuerprobe*, wo die Tochter des Hauses (Christiane) mitspielte, sollte Tante besuchen. Als das Dienstmädchen das rote Seidenkleid mit den Silberschnüren erblickte, das sie hineinzubringen hatte, fing sie zu weinen an und schüttete mir ihr Herz aus: »Immer darf Tante zu den besten Stücken!« – Ich tröstete sie damit, daß dieses Stück nur klein und unbedeutend sei. »Nein!« sagte sie, »ich habe doch Christianes Kleid gesehen, das war ganz vergoldet und voll Silber, das darf sich Tante ansehen, aber ich, ich bekomme immer nur die simplen Komödien, wo sie nur ein weißes Kleid anhaben, und so was, was man jeden Tag sehen kann!«

Wenn die englische Feuerspritze der Stadt ausfahren sollte, ließen sich die Schüler stets frei geben, und wer den Polizeimeister kannte, der durfte an den offenen Ratsstubenfenstern sitzen, und die waren dann stets voller Damen. Auf den Straßen wimmelte es von Leuten. – Wenn Prinz Christian die Stadt durchreiste, wurden saubere Gardinen aufgehängt, und Christiane bekam eine neue SAMTschleife ins Haar. Tante dagegen stand den ganzen Tag auf dem Dachboden, streckte den Kopf zur Luke hinaus und sagte nur die ganze Zeit: »Hi, hi!«, auch dann noch, wenn der Prinz schon seit einer Stunde aus der Stadt wieder verschwunden war.

Bei Snitker hatte ich ein paar Stunden in der Woche Latein; jedesmal, wenn ich einen Fehler machte, schlug er seinen eigenen Sohn, Georg, wobei er sagte: »Das ist mein eigen Fleisch und Blut, das darf ich strafen!« – In der dritten Klasse hatten wir ihn nur in Schreiben, wöchentlich eine Stunde, die wir stets dafür nutzten, um für die folgende Stunde zu lernen. Als Meisling davon erfuhr, ging es über den armen Snitker her, der sich anschließend bei uns beklagte. – »Wie könnt ihr mir nur solchen Kummer machen!« sagte er. »Jetzt muß ich streng zu euch sein. Sonst kommt der Kettenhund«, so nannte er M., »und beißt. Vielleicht sitzt er unten in der Bibliothek auf der Lauer«, flüsterte er, »schiebt die Bank vor die Tür, damit er nicht heraus kann! – Jetzt seid mal pfiffig, Kinder, ihr dürft mich nicht sehen lassen, daß ihr etwas anderes tut, sonst muß ich mich über euch beschweren. Ihr könnt ja die Bücher vor euch aufstellen, und dann schreibt ja kein Datum, daran erkennt man nämlich, wie wenig ihr jeden Tag tut!« – Wenn er nun doch bemerkte, daß nicht geschrieben wurde, dann lächelte er und drohte, indem er sagte: »Man sieht und man sieht nicht!« – Kurz vor Ende der Stunde gab er uns Zeichen, damit wir mit der Feder in der Hand dasitzen konnten, für den Fall, daß Meisling auftauchen sollte. Das war ganz offenbar verrückt, doch sein eigener Sohn Georg nutzte diese Stunde zum Lernen, denn er hatte es nötig – und da mußte der Vater ja auch mit den anderen Nachsicht üben. Meisling drangsalierte den alten Mann nun auch zu schlimm. Snitker hatte in seiner Schulzeit kein Französich gelernt und verstand von der Aussprache der Wörter nicht das Geringste. Meisling wollte ihn lächerlich machen und trug ihm deshalb auf, in den beiden obersten Klassen die französischen Übersetzungen zu diktieren. Er selbst stand mit seiner Gattin und den Kindern vor der Tür und amüsierte sich über den Spaß in der Klasse, wenn der alte Snitker die Wörter überaus komisch aussprach und über »die absonderlichen Bezeichnungen« selber lachte. – Im Winter wurde er jeden Abend von seinem Dienstmädchen mit der Laterne abgeholt und nach Hause geleitet. Er hatte ganz strahlende Augen, erzählte uns viele Geschichten und brachte uns bei, wie man Fleischklößchen für die Suppe herstellt – die bereitete er zu Hause immer selbst zu, sagte er.

Um diese Zeit sollten in der Nähe von Skelskør drei Menschen hingerichtet werden. Ein Vater hatte sich der Liebe seiner Tochter, eines jungen Mädchens von siebzehn Jahren, widersetzt, und sie hatte ihn daraufhin durch ihren Geliebten und den Knecht umbringen lassen, nachdem sie selbst es vergeblich mit Rattenpulver versucht hatte. – Die oberste Klasse bekam schulfrei, damit wir zusehen konnten. Wir fuhren bei Nacht, kurz vor Skelskør stiegen wir aus und gingen zu Fuß weiter. Ich erreichte das Tor in eben dem Moment, als die Verurteilten hinausgefahren wurden, habe also nur einen Blick hineingeworfen und bin nicht in dieser Stadt gewesen. – Das Mädchen war sehr schön, jedoch totenbleich, mit einem sonderbaren Ausdruck starrte sie die Menge und ihre Umgebung an. Sie lag in den Armen ihres Liebsten, der rot und gesund aussah. Der Knecht war gelblich-blaß, seine langen schwarzen Haare hingen ihm ins Gesicht. Einige andere Knechte riefen ihm Lebewohl zu, er nahm den Hut ab und nickte. – Drei Pfarrer geleiteten sie zum Richtplatz hinauf; es war so ein schöner Morgen, sie sangen alle sechs einen Choral, und ich hörte die helle Stimme des Mädchens über den anderen. – Die drei küßten einander und die Pfarrer, zuletzt küßte das Mädchen ihren Liebsten noch einmal. Ihr Kopf fiel erst beim zweiten Schlag. Danach legten die beiden anderen ihre Köpfe auf denselben blutigen Block. Ich war in den Kreis hineingeraten; mir schien, als hätte ihr Blick mich angestarrt, mir war ganz sonderbar zumute. Nach der Exekution stärkten sich die Schinderknechte mit Aal und Branntwein. Dann kam die alte Großmutter des Mädchens und legte weinend ihre Leiche in einen Sarg, während die Köpfe der beiden Burschen auf Stangen gesteckt und ihre Körper aufs Rad geflochten wurden. – Die Bauersleute standen seltsam ungerührt dabei und redeten über die guten Kleider, die jetzt nutzlos daliegen sollten, wo sie manch einer gut gebrauchen könnte. – »Ach, es sind die letzten, die sie noch abtragen«, sagten jene, die liberaler dachten. – Ein Schneider aus Slagelse hatte ein Lied gedichtet, das es zu kaufen gab. Die Worte waren den Hingerichteten in den Mund gelegt und gingen nach der Melodie: »Als Fremder einst hierher ich kam.«

Die ganz Szene hatte auf mich eine furchtbare Wirkung, vor allem als ich wieder in mein ödes Zimmer kam, das zum Garten gelegen war. Die Weinranken schlugen gegen die Fensterscheibe, es begann heftig zu stürmen, der Bretterzaun wurde umgeweht, ich lag schlaflos im Bett und sah nur die beiden blassen Köpfe auf den Stangen und den sonderbaren Blick des Mädchens, den ich niemals vergessen werde. – Ihre eigene Mutter war dort gewesen, war jedoch noch vor der Hinrichtung gegangen.

Der Schneider verdiente mit seinem Lied soviel Geld, daß er sein Handwerk ganz und gar aufgab. Eines Tages kam seine Frau zu Pfarrer Fuglsang, bei dem ich gerade war, und sagte, sie wolle sich von ihrem Mann scheiden lassen. »Denn seitdem er mit dem Dichten angefangen hat, ist er ganz und gar verrückt geworden, trinkt und verprügelt mich. Er hat elf Reichstaler an der Hinrichtung verdient und sieben Reichstaler für ein Lied über eine Hebamme bekommen, die sich ertränkt hat. Das ist ja ein ganz anderer Verdienst als mit der Nadel. Aber jetzt gibt es gar nichts mehr zu schreiben, und er ist trotzdem genauso verrückt!« – Die beiden sind übrigens doch zusammengeblieben, und der Schneider bekam das Amt des wohlverdienstlichen Trommelschlägers der Bürgerschaft.

III

In den Sommerferien 1825 machte ich wieder einen kleinen Ausflug nach Odense. Ich wohnte bei Oberst Guldberg, für den ich wie ein Kind des Hauses war, wagte aber nur acht Tage dort zu bleiben, denn Meislings Kinder hatten nach mir Sehnsucht, und Meisling wünschte meine Rückkehr zu diesem Zeitpunkt, das war mir genug. – Guldbergs ließen die wenigen Tage so unsagbar angenehm für mich werden; ich suchte all jene Stellen auf, an denen ich mich als Kind getummelt, fuhr auf dem hübschen Fluß an den Gärten entlang und las ihnen die einzelnen Gedichte vor, die ich geschrieben, sowie die wenigen Kapitel meines Romans. Vor allem Herr Guldberg lobte mich und fand es vorzüglich. – »Wirklich? Ehrlich?« fragte ich. – »Beim lebendigen Gott!« Das ging mir wonnevoll durch die Seele – er erkannte meinen Dichterwert, mein Talent, und dieses eine Wort flößte mir soviel Mut und Lust zu meinen Studien ein, wie es Meislings Härte tagaus, tagein niemals getan hatte.

Es liegt solcherart in meiner Natur, daß Tadel mich abstumpft und abschreckt; Lob dagegen macht mir Mut und Lust und hat mich doch niemals eitel werden lassen, nein, durch Lob bin ich im Herzen ein Kind geblieben, habe mich dankbar an Gott geschmiegt und habe mich nur davor gefürchtet, daß ich dieses Lobes nicht mehr würdig sein könnte. Das aber können die vielen ja nicht wissen, die mich seither mit soviel Herbheit haben erziehen wollen.

Mein Schulmeister von Odense, Welhaven, empfing mich jetzt auf ganz andere, fast zu demütige Weise, und ich vergaß seinen Spott in alten Zeiten. »Ja, ich habe immer das Gefühl gehabt, daß in Ihnen etwas steckt«, sagte er, »etwas Ungewöhnliches!« – Der Mann war nicht glücklich, es tat mir sehr um ihn leid. – Vieles, was man in meiner Kindheit an mir getadelt hatte, wurde jetzt gelobt, wurde als genial bezeich-

37

net, selbst daß ich mich damals so wenig um Schuldinge gekümmert und nur Bücher zur Unterhaltung gelesen hatte, fand man natürlich und dazu angetan, meinen Geist dem Poetischen zuzuwenden.

Der alte Iversen war gestorben, er fehlte mir sehr auf seinem schönen Landsitz Tolderlund. Übrigens fand ich es verblüffend, wie klein mir jetzt alle Gegenstände vorkamen, die ich hier als Kind gesehen; diese Gefühle habe ich später in dem Gedicht *Der Monat Juni* ausgedrückt. – »Bewahren Sie die Reinheit Ihres Herzens«, sagte Guldberg zu mir, »studieren Sie fleißig, dann werden Sie mit Ihrem Genie vorwärtskommen; mein Vater war nur ein geringer Bauer von Geburt und sehr arm, und doch brachte er es zu einem Posten, den ihm nie ein Mensch zugetraut hätte!«

Bald mußte ich aufbrechen; ich gab meiner alten Mutter, was ich ihr geben konnte, denn mein Reisegeld war sehr bemessen. Auch durfte ich mich darüber freuen, daß sie mietfrei wohnte und jede Woche eine bestimmte Summe erhielt. Guldberg und der Bischof, die sich für mich interessierten, hatten ihr mit Hilfe des Landrats einen Platz in den sogenannten »Doctors Boder«, einer Stiftung für ehrbare alte Frauen (ähnlich wie das Armenhospital Vartov in Kopenhagen), im Hospital verschafft. – »Schreiben Sie mir immer ehrlich!« sagte Guldberg beim Abschied, »und wenn Sie es schaffen, im Oktober in die höchste Klasse zu kommen, und diese in zwei Jahren durchlaufen könnten – wie herrlich! Aber wenn nichts daraus wird, dann dürfen Sie auch nicht den Mut verlieren!« Er drückte mich an sein Herz, ich spürte seinen Kuß und brach in Tränen aus.

Nun ging es wieder nach Hause und in die Schule. – Ich lernte aus Leibeskräften, machte auch Fortschritte, doch Meislings Art blieb unverändert. Ich konnte mich nicht an sie gewöhnen, konnte sie nicht mit Ruhe nehmen; mehr als ich tat, vermochte ich nicht, deshalb sank mir der Mut. Ich habe noch einige Blätter aus einem Tagebuch, das ich in jener Zeit führte, und obgleich viele Ausdrücke schwülstig klingen, zeigen sie recht meine unglückliche Stimmung.

»Was soll nur werden? Ich bin halb klug, halb wahnsinnig, o Gott, wenn ich doch sterben oder ganz wahnsinnig werden dürfte; nicht wie jetzt, dieses Zwischending, dieses Gefühl meiner eigenen Ohnmacht. Oh, gib mir Kraft, damit ich selbst jene Wohltaten wegschieben kann, die ich zu Unrecht genieße! – O Gott, ich will doch das Gute – der Kampf ist zu schwer!«

So klingt fast jedes Blatt, doch bisweilen ist es recht naiv.

»Ich bin bestimmt eitel? Ja, darum bist du zornig, du guter Gott! Außerdem schwatze ich ein bißchen, und gestern habe ich einen Reichstaler für Theater ausgegeben, den hätte ich meiner Mutter schicken sollen! – Ja, aber sonst bin ich doch unschuldig und rein. Gott, wie ich mich selbst entschuldigen will!«

Die Anstrengung, vereint mit meiner verzweifelten Stimmung, machte mich krank; ich setzte gar keine Hoffnung auf die Zukunft, hatte zu keinem der Lehrer recht Vertrauen. Das hatte ich nur zu Oberlehrer Qvistgaard, dem ich meinen Herzenskummer schrieb und den ich um Rat bat: Ob ich nicht einen Weg verlassen sollte, für den ich nicht taugte, und was ich tun sollte. Er wurde von meinem Brief gerührt und überbrachte mir selbst eine Antwort, die ich bis heute aufbewahrt habe. Er tröstete mich aufs beste und war sogar der Ansicht, mein Verdruß über meine Mängel sei ein Zeichen dafür, daß ich jetzt viel klüger sei als bei meinem Eintritt in die Schule, daß ich wirklich Fortschritte gemacht hätte und »mit Gottes Segen vieles, ja überaus vieles ausrichten« würde. Er wies mich auf den krassen Unterschied zwischen meinem freien Leben in Kopenhagen und dem streng bemessenen Schulleben hin; darin und nicht in Mängeln bei mir selbst müsse ich die Ursache für meinen Mißmut suchen. – Ich solle das Studium um Gottes willen nicht aufgeben und würde Meisling schon noch gewinnen, der für

Billigung und Mißbilligung nur stärkere Ausdrücke gebrauchte, als man gewohnt sei.

Das half für eine Zeit, dann aber wurde es wieder dasselbe. – Eines Tages war Meisling auffallend sanft; während ich sonst in Griechisch »Mäßig« und »Schlecht« zu bekommen pflegte, bekam ich an diesem Tag »Sehr gut«. – Die gnädige Frau rief mich zu sich und erzählte, ihr Mann und auch sie meinten es herzlich gut mit mir, deshalb hätten sie davon gesprochen, daß ich doch bei Madame Henneberg ausziehen und statt dessen bei ihnen wohnen könne. Ich solle ihnen dasselbe bezahlen wie ihr, nämlich 200 Reichstaler jährlich, und dafür alles im Haus genießen. M. wollte mir mit Latein und Griechisch helfen, das wäre doch gut für mich, wo ich nun wahrscheinlich in die höchste Klasse käme. Außerdem würde M. gewiß bald nach Helsingør versetzt, dann sollte ich mit ihnen ziehen, in eine herrliche Gegend, die Kopenhagen näher sei. M. könne auch nach dem Abitur vieles für mich tun, und es wäre für mich eine Empfehlung, in ihrem Haus gewesen zu sein. – Auch Meisling redete nun mit mir; das mußte ich ja für ein Glück ansehen, allein seine Freundlichkeit machte mich unsagbar froh. Ich schrieb an Collin, ob ich zu Meislings umziehen sollte, und er antwortete mir, das wäre ihm lieb. Mit Tränen nahm ich von der alten Madam Abschied und zog beim Rektor ein.

IV

Die gnädige Frau hatte keinen guten Ruf, man erzählte von ihr viele skandalöse Geschichten. Schön war sie nicht, sondern fett und rothaarig. Freilich sagte sie, nur ihre künstlichen Locken hätten diese Farbe, sie habe nämlich als Kind rote Haare gehabt und wolle deshalb Locken dieser Couleur tragen; und man solle es nicht für Eitelkeit halten, daß sie eine dunklere Farbe habe, obgleich DIES ihre natürliche Haarfarbe sei. Was aber Gerede war! – Ich erhielt ein kleines Zimmer neben der Schlafkammer der Gnädigen, jedoch mit eigenem Eingang. Beide Räume waren durch eine Tür verbunden, deren Schlüssel sie M. in Verwahrung gab, denn, sagte sie, es gebe in Slagelse soviel Stadtklatsch, und sie wolle, daß ihr Ruf davon verschont bleibe. – M. lachte darüber und nahm den Schlüssel an sich.

Sie war ein merkwürdig munteres Wesen, nahm alles leicht und war nicht ohne Herz. Damit M. nicht durch Kindergeschrei gestört werden sollte, bekam er sein Zimmer auf dem Dachboden. Er ging jeden Abend um acht zu Bett, trank seinen selbstbereiteten Punsch, und die Gnädige las ihm dabei aus Romanen von Walter Scott vor. Wenn er eingeschlafen war, ging sie nach unten, seine Zwischentür wurde dann stets verschlossen, jedoch am Morgen wieder so früh geöffnet, daß er nichts davon bemerkte. Oft, wenn sie keine Lust zum Vorlesen hatte, fing sie zu schimpfen an, was zur Folge hatte, daß er sie hinauswarf – und eben das hatte sie bezweckt. Sie braute sich dann selbst einen starken Punsch, und den Rum dafür hatte die Jungfer stehlen müssen, während sie selbst ihm Walter Scott vorlas. – M. merkte zwar, daß sein Rum weniger wurde, doch die Gnädige redete ihm ein, die Jungfer würde ihn trinken, und bat ihn sogar, er solle sie dabei überraschen. Das lehnte er jedoch ab, denn er wußte zu schätzen, daß diese Jungfer ganz vorzüglich alle Dinge des Hauses besorgte. – Wenn M. dann schlief, fand die Gnädige oft daran Vergnügen, sich als Bauernmädchen zu verkleiden und hinauszuziehen. Sie hat mir selbst erzählt, daß sie eines Abends in den Wald gewandert und dort den Offizieren begegnet sei, deren Regiment gerade in der Stadt lag. Man habe sie erkannt, und es sei ein großer Spaß gewesen. Bei ihrer Rückkehr gab es unmittelbar vor der Schule Spektakel, Meisling hing aus dem Dachbodenfenster und sah auf die Straße. Da erschrak sie, faßte jedoch Mut, ging, laut mit ihren Holzschuhen aufstampfend, vorüber und schlüpfte glücklich ins Haus.

Sie erzählte mir auch jeden Tag, was für ein Pech sie mit ihren Dienstmädchen habe, daß sie immer an die schlimmen gerate (das heißt an solche, die eigentlich die Hauptrolle in *Der Gott und die Bajadere* spielen wollten). Sie sagte, daß dies leicht auf sie zurückfallen könne, und bat mich, ihr sogleich Bescheid zu geben, wenn ich nachts den geringsten Lärm bemerkte. Selbst streute sie Stohhalme vor die Türen und untersuchte dann morgens, ob diese ihre Stellung verändert hätten. »Der Ruf ist das kostbarste Gut, das man besitzt!« sagte sie.

Wenn ich abends lernen mußte, saß ich in einem kleinen Kabinett, das den Durchgang zum Wohnzimmer bildete, und dort hörte ich mir viele Klagen an. Bald kam die Jungfer und sagte: »Das hier ist ein schreckliches Haus!«; bald kam die Köchin, die einen Hang zum Poetischen hatte und mit dem Romanschreiber Johannes Wildt korrespondierte, und versicherte mir: »Dies kann man die Hölle auf Erden nennen!« Kurz darauf erschien das Stubenmädchen und beschwerte sich über die Gnädige, die rede ihr so übel nach, weil sie eifersüchtig sei – der Kammerjunker mache sich nämlich mehr aus ihr, dem Mädchen, als aus der gnädigen Frau. »Gestern abend, da habe ich den Fußboden gewischt, am offenen Fenster, da ist der Kammerjunker gekommen und hat gesagt: ›Guten Abend, kleine Ane!‹ Da mußte ich doch danke sagen, aber dann ist die Gnädige gekommen und ist fuchsteufelswild geworden«, etc. etc. Und während WIR uns unterhielten, erschien die gnädige Frau und jagte das Stubenmädchen in die Flucht und jammerte dann über ihre schlechten Leute, die alle gleich verdorben seien, ob man sie nun aus Kopenhagen oder aus Slagelse holte.

Eines Abends war Besuch gekommen, ein Pfarrer aus der Gegend von Ringsted, und entgegen unserer Gewohnheit blieben wir alle bis nach zwölf Uhr auf. Obwohl es spät war, befahl Meisling seiner Frau, sie solle spielen und singen. Erst weigerte sie sich, doch schließlich MUSSTE sie; gleich darauf hörte man es an die Fensterscheibe klopfen. – Sie sprang erschrocken in die Höhe, Meisling beauftragte mich nachzusehen, was das für Burschen seien, die einen solchen Unfug trieben. Ich schaute hinaus und sagte in aller Unschuld, wie es der Wahrheit entsprach: »Das war ein Offizier, jetzt ist er weggegangen!« – M. wollte mir nicht glauben, und die Gnädigste wäre mir mit den Händen fast ins Gesicht gefahren. – »Wie konnten Sie nur so einfältig sein und so etwas erzählen«, sagte sie am nächsten Tag zu mir. »Einer von den Offizieren hat sich einen Scherz erlaubt, und dann plaudern Sie das aus. Sie ahnen nicht, wie eifersüchtig M. ist!«

Es war eine ganz merkwürdige Welt, wie mir allmählich aufging. Ich war wirklich noch so sehr Kind, daß ich gewiß viel häufiger errötete, als Grund dafür gewesen wäre, und die gnädige Frau sagte auch: »Der ist kein richtiges Mannsbild!« – Eines Abends trat sie bei mir ein und erzählte mir, sie sei in letzter Zeit so abgemagert, daß ihr das Kleid ganz lose am Leib hänge, ich solle doch bitte nachfühlen. Ich verbeugte mich vielmals vor der Gattin meines Rektors, sie schenkte mir einen ganz vorzüglichen Punsch ein, war überaus freundlich und gut – aber, ich weiß selbst nicht, ich fühlte mich wie auf Nadeln. Ich glaubte, ihr gewiß Unrecht zu tun, doch ich mußte Schlimmes von ihr denken, lief davon, sobald ich konnte, und zitterte am ganzen Körper. Der Stadtklatsch, was ihren Charakter betraf, hatte mich angesteckt, gewiß tat ich ihr Unrecht, doch von dieser Zeit an war ich mißtrauisch. Als ich auf mein Zimmer kam, sprach ich mein Abendgebet, bat unsern Herrgott, er möge mich einen guten Menschen werden lassen, mußte aber – zum ersten Mal in meinem Leben – über Verhältnisse nachdenken, die mir nie in den Sinn gekommen wären; der Verstand übernahm es, die Schlange am Baum der Erkenntnis zu spielen. Doch Gott sei Dank war in mir ein guter Grund, in kindlicher Unschuld flatterte ich vorüber und vergaß all das Böse, das mich umgab. – Dennoch war ich nicht länger unwissend, was meine Begriffe betraf; mir war bewußt, daß es außerhalb von mir etwas Leichtfertiges gab, was mein kindliches Gemüt, das sich von anderen guten Zügen bestechen ließ, für keine so große Sünde hielt, als die es gilt. Ich entschuldigte die Leute, empfand aber doch Abscheu vor ihrem Lebenswandel und ihren Handlungen. – Es war also die kindliche UNWISSENHEIT, die mir hier ausgetrieben wurde; Kind war ich noch in Herz und Sinn.

Im Haus war eine große Schweinerei! Meisling war voller Daunen und wusch sich höchst selten die Hände. Abends um acht ging er zur Ruhe, braute sich einen starken Punsch, wobei er sich die zerschnittene Zitrone zwischen die Zähne steckte, um sie gründlicher auszupressen, und hatte danach stets saubere weiße Fingerspitzen. In der Wohnstube stand ein Diwan mit Schränkchen zu beiden Seiten, in denen alles mögliche lag: Wäschestärke, Nägel etc. etc. Wenn es nun mittags Bouillon zum Essen gab und ein paar Fleischklößchen übrigblieben, dann wurden sie von der Gnädigen häufig in diesen Schränkchen versteckt, damit nicht die Dienstmädchen, sondern wir sie zum Abendbrot hätten. Doch weg mit all diesen ekelhaften Erinnerungen!

Als das Oktober-Examen kam, zeichnete ich mich dabei in Mathematik aus; Meisling lobte mich, und ich war glücklich. – Nun wollte ich unsern Herrgott auch bewegen, mir zur Versetzung in die höchste Klasse zu verhelfen, und bat deshalb M. um Erlaubnis, zum heiligen Abendmahl zu gehen. Er fand es zwar seltsam, daß ich mitten im Examen auf dergleichen verfallen konnte, hatte jedoch nichts dagegen. – Ich war so kindisch, daß ich mir Hilfe davon versprach. Doch als ich vor dem Altar kniete und so inbrünstig in meinem Herzen betete – just da wurde der Gedanke an die Leichtfertigkeit der Gnädigen in mir wach, und es kam mir ordentlich wie eine schlimme Sünde vor, daß ich hier an dergleichen denken konnte. – Das Examen ergab dann, daß ich in die höchste Klasse versetzt wurde. Ich war so glücklich, so unschuldig-froh, daß ich an einem Sonntag vierzehn Briefe schrieb, um Freunden und Bekannten mein Glück zu vermelden.

Nun hatten wir für eine Weile Ferien, ich war so vergnügt und dichtete an meinem Roman, und Schularbeiten hatten wir nicht auf. – Als die Schule wieder anfing, fiel es mir etwas schwer, mit den anderen mitzuhalten, denn im Grunde war ich für diese Klasse noch nicht reif. M. verlor auch sogleich die Geduld und begann wieder auf die gleiche Weise zu spotten und zu höhnen. Vom häuslichen Leben bei ihm habe ich schon berichtet, man kann sich also meine Stellung denken. Doch sonntags war M. wieder so freundlich, lustig und vergnüglich, daß ich an diesem Tag neuen Mut schöpfte. Er hatte einen höchst merkwürdigen Charakter und auch etwas recht Kindisches. – Am Sonntag konnte er sich mit den Zinnsoldaten der Kinder amüsieren, oder das kleine Puppentheater wurde vorgeholt, und dann mußte ich spielen, gewöhnlich das Stück *Der Schauspieler wider Willen,* das ich ganz und gar auswendig konnte. – Oft fuhr er mich in der obersten Klasse, wo dann die Tische beiseite geschoben waren, in einem kleinen Kinderwagen herum; oder wir spielten Pfänderspiele, die gnädige Frau, er, die Jungfer, die Kinder und einige von den Schülern. – Einmal fand ein lustiges Begräbnis statt – das Schwein war gestorben, es hatte ein Pfefferkorn gefressen, sagte das Dienstmädchen. (συινετ ἅυδε σιτ λογιε ι σχολενς υανδῶως).*

* *Mit griechischen Buchstaben für dänische:* Svinet havde sit Logie i Skolens Vandhuus. (Anmerkung von Andersen)
Der von ihm mit griechischen Buchstaben geschriebene dänische Satz lautet in deutscher Übersetzung: Das Schwein hatte sein Logis im Abtritt der Schule. (Anmerkung der Herausgeberin)

Im Garten wurde ein Grab ausgehoben und mit Sand und Blumen bestreut. Als das Schwein dann beerdigt wurde, waren wir alle dabei, und die gnädige Frau sang eine Bravourarie dazu. Die Wirkung dieser und ähnlicher Dinge auf mich war die, daß ich Vergnügen daran fand, das Feierliche mit dem Lächerlichen zu vermischen, ohne etwas anderes als einen unschuldigen Spaß darin zu sehen.

Das Weihnachtsfest näherte sich. Ich freute mich sehr auf die Reise nach Kopenhagen. Wulff war jetzt Kommandeur der Marine geworden und hatte als Chef der Akademie eine größere Wohnung im Schloß Amalienborg bezogen. Die gnädige Frau schrieb mir, daß ich während meines Aufenthalts in der Stadt bei ihnen logieren könne und daß ich ihnen recht herzlich willkommen sei. – Der Wagen von Kammerjunker Holstein fuhr gerade in die Hauptstadt. M., ich und ein Schüler wurden umsonst mitgenommen. Doch auf dieser kurzen Tour erlebte ich ein Beispiel für Meislings Geiz. – Als wir vor einem Wirtshaus hielten, brachte der Knecht eine Trittleiter, um uns beim Aussteigen zu helfen; M. gab ihm dafür ein Dreischillingstück, wobei er zu uns sagte: »Das können wir später durch drei dividieren!« – Und wir dividierten tatsächlich.

V

Es war ein spürbarer Unterschied, wenn man von Meislings zu Wulffs ins Haus kam: hier war alles Eleganz, alles hübsch und fein. – Ich kam abends dort an. Oh, ich sehe es noch ganz lebendig vor mir! Man empfing mich so liebevoll wie ein Kind des Hauses. Nachdem ich mich gestärkt und gesättigt hatte, wurde ich vom Diener zu meiner Schlafstatt geführt. Ich hatte zwei Zimmer, die zum Platz gelegen waren, und bevor ich zu Bett ging, bekam ich drei hübsch eingebundene Bände von Shakespeare geschenkt. Ich fühlte mich ganz von inniger Dankbarkeit durchdrungen und überglücklich.

Ich besitze noch einige Blätter eines Tagebuchs, das ich während dieses Aufenthalts in Kopenhagen führte, und just an diesem Abend schrieb ich:

»Als ich vor fünf, sechs Jahren über diesen großen Platz ging, kannte mich niemand in der ganzen Stadt, und nun kann ich mich bei einer lieben, geachteten Familie recht an meinem Shakespeare freuen – o Gott, es geht mir ja wie Aladdin, auch ich sitze im Schloß und schaue hinunter. Du guter Gott! Nein, du wirst mich nicht verlassen. Ich könnte dich küssen!«

Am nächsten Morgen eilte ich sogleich zu Collin, und er war mit mir zufrieden. »Ich sehe doch deutlich Ihren Fleiß, und der ist die Hauptsache«, sagte er.

Nun sprach ich zum ersten Mal mit seiner Gattin. Vor kurzem war das Vaudeville *König Salomon* aufgeführt worden und hatte Furore gemacht, darüber erzählte sie mir einiges und gefiel mir deshalb am besten. Auch Ingeborg gefiel mir gut, doch die Söhne, vor allem Edvard, fand ich abstoßend, sie gaben sich nicht im geringsten mit mir ab, und Louise war ein Kind, das ich nicht bemerkte.

Am ersten Tag lief ich herum, besuchte alle Menschen, die ich ein wenig kannte: sie sollten mich sehen und erfahren, daß ich in die höchste Klasse gekommen war. – Trotzdem vergaß ich Meisling nicht, ging jeden Abend zu ihm und erledigte einige Botengänge, wie es mein Auftrag war.

Was ich von meinem Roman geschrieben hatte, trug ich bei mir, und als ich es bei Wulffs vorlas, errang ich damit viel Beifall. Auch Oehlenschläger mußte es hören, und ich las es ihm vor. – »Das ist sehr gut«, sagte er, »nur ein bißchen zu umständlich. Das Poetische besteht nicht darin, ein Ding weitschweifig abzumalen, so als wollte ich nun sagen: ›Andersen saß neben Lotte Oehlenschläger auf dem Sofa und las, da ging die Tür auf, und Johannes kam aus der Schule, und weil er jemanden lesen hörte, setzte er sich ganz leise auf einen Schemel, von dem die Farbe abgeplatzt war.‹ Sehen Sie, das ist nicht poetisch, obgleich es viele gute Dinge enthält. Und Sie haben es verstanden, vieles zu verwenden und haben die Menschen Ihrer Umgebung beobachtet! – Sie haben Sinn für das Poetische!« – Dann las ich ihm mein kleines Gedicht *Die Seele* vor. – »Das ist vorzüglich!« rief er aus, »das stelle ich höher als die Erzählung!« – Ich freute mich ganz unbeschreiblich und fragte ihn nun ganz naiv, ob ich mehr für das Tragische oder für das Komische geeignet sei. Er lächelte und fand das letztere.

Der alte Professor Nyerup, der mich von Herzen mochte, sprach mir viel Mut zu, und das machte mich sehr glücklich. – Von dem alten Verwalter Balling wurde ich wie ein Sohn empfangen, er schenkte mir Taschengeld und nahm mich mit ins Theater. – Kurz, jeder war zu mir liebenswürdig, nur Meisling, dem ich täglich meine Aufwartung machte, war mürrisch und kalt. – Schon am vierten Tag nach meiner Ankunft sagte er: »Haben Sie sich schon erkundigt, ob Dienstag ein Wagen fährt?« – Ich antwortete: »Nein!« – »Aber zum Kuckuck, Sie müssen zusehen, daß Sie sich wieder an Ihr Griechisch und Latein machen!« sagte er. – In meinem Tagebuch finde ich diesbezüglich folgendes:

»Ein paar Tage bin ich erst hier und will ja nächste Woche nach Slagelse zurück, und doch quält er mich. Das ist ein seltsamer Kontrast zum Empfang der anderen. Jeden Tag gehe ich zu ihm, und doch ist sein Blick nicht freundlich! Ich möchte ihn gern haben, so recht von Herzen, aber ich kann doch meine Gefühle nicht selbst erschaffen!«

Bald hatte ich diese Szene wieder vergessen, alles andere brachte mir Freude. – Bei Wulffs fühlte ich mich bald ganz wie zu Hause. Es gab dort nur einen Menschen, der nicht gut zu mir war, das war ein Fräulein Schouboe aus Norwegen, ein sonderbares Geschöpf, das mir häufig erzählte, ich sei ein verrückter Kerl und niemals könne etwas aus mir werden. – Die merkwürdige Naivität, die ich in so fortgeschrittenem Alter noch besaß, war ihr unbegreiflich; jede kindliche Äußerung, jeder überspannte Gedanke, den ich aussprach – denn ich dachte laut und vernehmlich –, ließen sie scharf gegen mich werden. Sie brachte mich zum Weinen, während die anderen über uns beide lachten, und dann war es vorbei.

Oehlenschlägers Tochter Lotte war schon ein erwachsenes junges Mädchen, wohl dreizehn, vierzehn Jahre alt. Sie war sehr munter und machte sich wahrhaftig einen Spaß daraus, mir Huldigungen darzubringen, die ich für bare Münze nahm. – Nun waren die meisten Schüler der obersten Klasse schon mehrmals verliebt gewesen, und so kam mir der Gedanke, es sei wohl an der Zeit, daß ich mich ebenfalls verliebte. Ich schwärmte für Oehlenschläger und glaubte, ich dürfte diese Schwärmerei auch auf seine Tochter übertragen. – Ich fand es poetisch, seine Tochter zu lieben, und entschloß mich, das zu tun. – Ich starrte sie an, ich wollte mich so gern verlieben und konnte doch nicht. Allerdings bemerkten andere meine Blicke und sagten: »Er liebt Lotte.« – Jetzt glaubte ich es selbst, doch ich erinnere mich noch gut an meine Verwunderung darüber, daß man sich so einfach verlieben konnte, wenn man es selbst nur wollte! (Ich war ein Kind, hatte keine Vorstellung von wahrer Liebe!) – Nun wohl! ich liebte Lotte, meinte aber eigentlich ihren Vater.

Am Abend sollte bei Wulffs ein großer Ball stattfinden, zu dem SIE mit ihrem Vater eingeladen war. Ich hatte große Lust zum Tanzen, doch als ich dann sah, wie die Kadetten bei der Präsentation vor dem König tanzten, verlor ich ganz und gar den Mut; ich hatte das Gefühl, daß dies etwas war und daß ich dagegen gar nichts konnte. – Ich putzte mich nach Kräften heraus, doch mein einziges gutes Stück war ein langer blauer Mantel, für dieses Weihnachtsfest in Slagelse genäht, und damit ging ich nun nach unten. Alle Kronleuchter waren angezündet; die Prinzen saßen in einem kleinen Zimmer, ihre Uniformen machten auf mich einen starken Eindruck, und ich schämte mich ein wenig wegen meines Mantels, der sich in Slagelse so gut ausgenommen hatte. Dann erschienen die Fremden, mein Herz klopfte, und als ich sah, daß der Kommandeur seiner Frau etwas zuflüsterte, ahnte mir, daß dies meinem Mantel galt und daß ich damit nicht gut hier herumlaufen konnte. Da ging ich zur gnädigen Frau und befragte sie ganz ehrlich. – »Wenn Sie einen Frack hätten, das wäre besser!« sagte sie. Ich flog auf mein Zimmer – einen Gehrock hatte ich zwar, jedoch aus grobem, grauem Tuch, ich trug ihn sonst in der Schule. Den zog ich nun an, bürstete ihn fast in Fetzen und betrat dann den Saal. – Aber Herrgott, alle Herren dort waren schwarz von Kopf bis Fuß, nur ich allein war grau. Oh, was war ich verlegen! Niemand sprach mit mir, nur Oehlenschläger ging mitten durch das Gewimmel auf mich zu und reichte mir die Hand, das erfüllte mich mit Stolz. – Ingeborg Collin, die mit ihrem Liebsten kam, nickte mir ebenfalls freundlich zu, doch meine Stimmung verschlechterte sich. – Man hält dich für einen Aufwärter, dachte ich, und so soll dich Lotte sehen! – Oh, ich schämte mich so ungeheuer wegen meines grauen Gehrocks, schlich mich schon um neun Uhr davon, eilte auf mein Zimmer, um zu weinen, während draußen die Wagen heran- und davonrollten. »O Herrgott!« betete ich, »laß mich doch einmal einen schwarzen Frack bekommen und ein ordentlicher Mensch werden!« – Ich weinte so lange, bis ich einschlief, und erzählte am nächsten Tag, ich hätte Kopfschmerzen gehabt und deshalb den Saal noch vor Beginn des Balls verlassen.

Am nächsten Morgen fand ich auch, daß Fräulein Wulff (Ida) viel schöner war als Lotte Oehlenschläger, sie war auch viel frommer und am vorherigen Abend im Grunde freundlicher zu mir gewesen. Ich überlegte nun, ob ich nicht besser sie lieben sollte; dann aber sah ich wieder Ruhm und Namen des Dichters Oehlenschläger vor mir und blieb bei dem Gedanken an Lotte. Doch jene Gefühle, oder wie ich es nennen soll, wurden bald verdrängt.

Obwohl mein Aufenthalt nur acht Tage gedauert hatte, mußte ich nach Slagelse zurück, Meisling wollte mich in der zweiten Hälfte der Weihnachtsferien bei sich zu Hause haben, damit ich mit seinen Kindern spielte. Ich fand nun eine Fahrgelegenheit zusammen mit einem Leutnant Thrane, den eine Reise in öffentlichem Auftrag durch Slagelse führte. Am Tage vor der Abfahrt ging ich zu M., um zu fragen, ob ich Briefe und Nachrichten für ihn mitnehmen sollte. Ich traf ihn nicht an, dagegen lag ein Brief für mich bereit, mit folgendem Inhalt:

»Ich habe Ihnen bei Ihrer Abreise nichts anderes mitzuteilen als die dringlichste Aufforderung, daß Sie nach der Ankunft in Slagelse Ihre Zeit nicht auf das Schreiben von Erzählungen und Gedichten, mit denen Sie hier zum großen Vergnügen der Betreffenden aufgewartet haben, sondern auf schulische Angelegenheiten verwenden. Inwiefern Sie mich FRUSTRIEREN, indem Sie die Zeit auf DIESE Art veschwenden, während ich glaube, daß Sie Ihr PENSUM lernen, darüber werde ich noch mündlich mit Ihnen reden, und ich werde Ihnen verschiedene DATEN angeben, die Sie möglicherweise abkühlen dürften.

MEISLING.«

Mehrmals las ich diesen Brief durch und war in meinem Innersten erschüttert. Ich ließ mir das so zu Herzen gehen, daß Wulffs mich bedauerten und auch Collin mir Mut machte. Dann schrieb ich M. einen herzlichen, aufrichtigen Brief: Er habe mich mit seinen Worten sehr betrübt, die Gedichte und jenes Romanstück seien in den Ferien geschrieben (was ja der Wahrheit entsprach), ich könne nicht fleißiger werden, als ich schon sei, und werde stets weiterarbeiten, wie ich begonnen hätte.

An diesem ganzen letzten Tag in Kopenhagen war ich tieftraurig; doch am Abend ließen mich Wulffs ein neues Stück vorlesen, WILLIAM SHAKESPEARE von Boye, das einen wundersamen Eindruck auf mich machte. Es war mir direkt aus der Seele gesprochen und kam mir wie meine eigene Geschichte vor, so daß ich während des Lesens in Tränen ausbrach, mich aber auch gestärkt dadurch fühlte. Ich faßte in meiner Seele den festen Entschluß, dem, was geschehen mußte, entgegenzugehen; mein Gefühl sagte mir, daß ich wirklich fleißig war, ich vertraute auf den lieben Gott und schlief in dieser letzten Nacht, die ich auf dem lieben Schloß verbrachte, ruhig ein.

Am nächsten Morgen ging es fort nach Slagelse. Als wir zur Stadt hinausfuhren, stand mir das Wasser in den Augen, doch der Offizier war lustig, sang und lachte, da wurde auch ich froh, und wir jagten davon.

VI

Gleich bei meiner Ankunft bekam ich von den Mädchen erzählt, M. habe der gnädigen Frau einen Brief geschrieben: Er sei böse auf mich und wisse genau, daß ich in den acht Tagen meines Aufenthalts in Kopenhagen kein einziges griechisches oder lateinisches Wort gelernt hätte. – »Aber Herrgott«, antwortete ich, »da sollte ich mich doch vergnügen!« – Ich war tieftraurig, und niemand tröstete mich; meine Gefühle waren so überspannt, daß ich unsern Herrgott darum bat, er möge mich unbedingt vor Meislings Rückkehr sterben lassen. Am Silvesterabend wurde auch gar nicht gespielt, und um acht Uhr mußten wir alle ins Bett. – Gott im Himmel! dachte ich, jawohl, Meisling hat in seinem Brief verboten, daß ich mit den Kindern spiele, dann ist er richtig böse! – Ich weinte die halbe Nacht. Am Morgen erzählten die Mädchen einige skandalöse Dinge, deshalb also hatten ich und die Kinder so zeitig zur Ruhe gehen müssen.

Es war der Neujahrstag 1826. Meine ganze Seele war so voller Schmerz, so voller Angst vor Meisling und dem kommenden langen Jahr; ich dachte an diesen Tag so viel über meine Zukunft nach und quälte mich selbst dabei so sehr, daß mich der entsetzliche Gedanke überkam: Lieber sterben als auf solche Art leiden. – Noch glauben deine Wohltäter von dir Gutes, dachte ich, aber wenn es nur immer schlimmer wird, dann ist bald alles vorbei; lieber jetzt sterben als später, wenn sie dir alle böse sind! – Ich war mir nun ganz selbst überlassen, herausgerissen aus all der Liebe und Güte, die mich einige Tage lang in Kopenhagen umgaukelt hatte, und voller Furcht und Mißmut. Ich bereitete mich förmlich auf mein Sterben vor, denn ich bildete mir ein, die Schale meiner Leiden sei nun voll, und Meisling würde mich bei seiner Heimkehr zur Verzweiflung bringen. Die Worte in seinem Brief: »... die Sie möglicherweise abkühlen dürften«, legte ich so aus, daß er mich in die dritte Klasse zurückversetzen wollte.

Nach achttägiger Selbstquälerei hörte ich eines Nachts, daß Meisling zurückkehrte. Ich lag im Bett und wußte nicht recht, ob ich hinausstürzen und mein Schicksal erfahren sollte; doch seine Stimme klang so zornig, daß ich den Mut nicht aufbrachte. Als ich dann in früher Morgenstunde zu ihm ging, war er in guter Laune und sagte, er habe seinen Brief in der Hitze geschrieben. Was er mir über das »Abkühlen« geschrieben habe, damit habe er auf Oehlenschläger hinweisen wollen. Der habe ihm erzählt, daß ich ihm meine Dichtungen vorgelesen hätte und so eitel wäre, jedes Lächeln für ein Beifallslächeln zu halten. Das, meinte Meisling, dürfte mich möglicherweise abkühlen. Außerdem könne ich ihm (das heißt Meisling) genausogut wie jedem anderen zeigen, was ich gedichtet hätte, er sei schließlich auch Dichter! – So also löste sich meine entsetzliche Angst, ich war nur traurig und tief betrübt, weil Oehlenschläger so etwas gesagt hatte, denn ich hatte geglaubt, er müßte Meisling kennen.

Die Schule fing wieder an, die alten Leiden begannen von neuem, das häusliche Leben war unverändert, und ich wurde damit vertrauter. Abends hörte ich, wie die Dienstmädchen, die allzu gut über alles Bescheid wußten, die gnädige Frau kujonierten. – »Ich werde zu Simon gehen«, sagte sie dann, »und Anklage gegen euch erheben!« – »Ja, gehen Sie nur!« antworteten die Mädchen, »wir werden schon mitkommen und dies und das erzählen!« – »Ihr schlechten Menschen!« rief die Gnädige aus, »ich kriege Krämpfe! Uh!« – »Jetzt spielt sie Theater«, sagten die Mädchen.

Wir gingen nirgendwohin, obgleich ich es von Hennebergs anders gewohnt war. Die Familie von Pfarrer Fuglsang war mir sehr lieb, seine Frau war äußerst geistreich; da sie jedoch mit Frau M. nicht verkehren wollten, durfte ich sie auch nicht besuchen. – Auch auf eine andere, recht poetische Bekanntschaft, die ich gemacht hatte, mußte ich nun ganz und gar verzichten. – Es war ein Leutnant Hage, der eine Tochter von General Sundt geheiratet hatte. Doch ihr Vater war gegen die Partie gewesen, und als Hage seinen Abschied nehmen mußte, hatte er seine Hilfe verweigert. So lebten die beiden nun zurückgezogen in einem kleinen Bauernhaus, ganz in der Nähe der Ruinen von Schloß Antvorskov. In ihrer kleinen Bauernstube war es sehr gemütlich: hübsche Gardinen, neue Möbel, ein Fortepiano und eine Harfe. Das sprach mich sehr an, und sonntags ging ich ein Stündchen dorthin, lieh ihnen die Bücher, die ich besaß, und wurde mit Kaffee oder Obst bewirtet. Es waren zwei freundliche Menschen, und sie sind dann später gut vorangekommen. – Zu ihnen kam ich nun auch nicht mehr! Ich sollte und mußte im meislingschen Erdreich Wurzeln schlagen.

Der Literat Blok Tøxen hatte eine kleine Flugschrift gegen Meisling geschrieben, die eines Sonntags auch nach Slagelse kam. Die gnädige Frau erzählte mir davon und war sehr unruhig. »Darin können ein paar üble Geschichten über mich stehen«, sagte sie, »das ist ein gefährlicher Mensch; ich glaube, das gibt hier einen schlimmen Spektakel!« Ich war ganz erschrocken. – Indessen kam M. und sagte, daß alles nur leeres Gerede sei. – »Steht da nichts über mich drin?« fragte die Gnädige. – »Nein«, sagte er, »nichts weiter, nur daß ich so geizig bin, daß ich den Mammon sogar auf dem Grund der schlimmsten Abschaumtonne gesucht habe, und das bist du!« – »Ja, ich«, sagte sie und lachte, flüsterte mir dann jedoch zu: »Gott sei Dank, daß da nichts anderes stand, mir ist doch ein bißchen das Blut gestockt vor Schreck!«

VII

Das Frühjahr nahte, Meisling wurde zum Rektor der Schule in Helsingør gewählt, was für uns alle eine große Freude war – für die Lehrer auch, kann ich mir denken, denn er behandelte sie sehr »höhnisch«. – Unsere Sachen sollten in Korsør eingeschifft werden, das poetische Dienstmädchen sollte sie begleiten, und mir war dasselbe Los bestimmt. Doch ich konnte das Herz der Gnädigen rühren und durfte nun auch auf dem Landweg reisen. Der Wagen kam schon am Abend, und lange bevor am nächsten Morgen die Pferde eintrafen, saß M. mit den Kindern reisefertig darin, wie es vor einer Reise stets seine Gewohnheit war – so hat er zur Weihnachtszeit häufig seinen Kaffee im Wagen getrunken.

Man malte mir Helsingør wie ein Himmelreich aus, doch für mich war schon das Reisen eins, denn ich habe mich immer mit ganzer Seele und allen Gedanken nach dem Reiseleben gesehnt.

Eine Meile hinter dem Krug von Ringsted wohnte ein Pfarrer, hier kehrte M. mit Gattin und Kindern ein. Die Jungfer, ich und noch ein Schüler (Jens Hviid, der uns nach Helsingør begleiten sollte, um im Oktober dimittiert zu werden) mußten dagegen im Krug übernachten. – Aus ökonomischen Gründen ließen sie die Jungfer und mich diese eine Meile vorgehen, weil so das Abendbrot nichts kostete, und um Mitternacht mußten wir dann allein durch den dunklen Wald zurück zum Krug traben. Ich hatte große Angst, wir stießen auf einen betrunkenen Bauern, der unser Wegweiser wurde; ich hielt ihn für einen Räuber, wir verirrten uns und erreichten den Krug erst weit nach Mitternacht. Am nächsten Morgen passierten wir Roskilde, fuhren am herrlichen Isefjord entlang, der mein Herz ganz wundersam anrührte. – Ich fühlte mich wie ein Vogel in der Luft. – Wenn Meisling gute Laune hatte, besaß er einigen Mutterwitz, ich versuchte mich ebenfalls damit, nicht ohne Erfolg.

Nachdem wir Kingos Geburtsstadt (Slangerup) hinter uns gelassen hatten, erreichten wir gegen Mitternacht Frederiksborg. Wir sollten schon im Morgengrauen weiterreisen, aber das Schloß, obgleich nur sein Äußeres, mußte ich doch erst sehen. – Es war zwölf Uhr und prächtiger Mondschein, da ging ich zum Schloß hinüber und trat in den alten Schloßhof ein, der von meinen Schritten widerhallte. – Meislings hatten sich schon alle zu Bett begeben, und so war ich hier allein. – Das alte gotische Gebäude mitten im Wasser, die steinernen Recken und die großen Schlagschatten, die über sie im Mondschein fielen, ergriffen mich zutiefst. Nur ein kleiner abgelegener Raum in einem der Seitenflügel war noch erhellt, sonst war es dunkel und totenstill. Meine Phantasie geriet in heftige Bewegung, ich dachte an Christian IV., an alle, deren Bilder dort in dem großen Rittersaal hingen. – Wenn sie nun heruntersteigen, dachte ich, und mir wurde sonderbar zumute. Dann aber kam mir sogleich der ganz naive Gedanke: Die Toten müssen ja wissen, daß ich ihren

Anblick nicht ertrage und vor Schreck sterben würde; deshalb werden sie bestimmt nicht vor mir erscheinen – das wäre ja entsetzlich boshaft und unvernünftig! – Und dieser Gedanke machte mir wirklich Mut, ich ging wohl eine Stunde allein auf dem stillen, halbdunklen Schloßhof herum.

Im Morgengrauen brachen wir auf, der Wald war so grün, es war ein richtiges Sommerwetter. Endlich erblickten wir den Sund und Schweden, tief unter uns lag Helsingør – endlich waren wir angelangt und traten in das hübsche Schulgebäude ein.

VIII

Das Schiff mit unseren Sachen war noch nicht eingetroffen, wir waren daher gezwungen, einige Nächte in einem Gasthof zu schlafen, wo wir (Hviid und ich) mit einem kleinen Eisenbett für eine Person vorliebnehmen mußten. M. war mürrisch, das kostete ihn zuviel! Endlich kam von dem Mädchen ein poetischer Brief, der vermeldete: Sie und die Sachen lägen noch in Korsør und warteten auf Wind, daß sich dieser nicht einfinde, halte sie für eine Strafe des Himmels für die Sünden der gnädigen Frau und des Rektors. – Beide lachten darüber, liehen sich andere Sachen aus, und dann zogen wir ins Schulgebäude.

Es war eben jener Tag, an dem sich Prinz Frits mit Wilhelmine verlobte; am Abend wurde die ganze Stadt illuminiert, und ich trabte mit der Jungfer und den Kindern durch die Straßen. Bald darauf traf der König mit seinem Dampfschiff ein, die Hauptstraße wurde geschmückt, Girlanden wurden darüber gespannt, Teppiche aus den Fenstern gehängt, und im Garten von Marienlyst führte die Gesellschaft Foureaux Pferdekunststücke vor, und zwar ohne Bezahlung, weshalb sich ein ungeheures Publikum versammelte. Alles das machte auf mich einen erfreulichen Eindruck, ich schrieb an meine Freunde in Slagelse, erzählte ihnen von meiner Reise und der ganzen Pracht. Doch als ich das alles im ersten Brief geschrieben hatte, fand ich es so gut erzählt, daß ich alle anderen Briefe danach kopierte, ohne daran zu denken, daß sich in dem kleinen Slagelse sämtliche Empfänger wahrscheinlich ihre Briefe zeigten. Nicht genug damit, ich schrieb auch an Professor Nyerup, der mir sehr zugetan war, und er bekam nun den gleichen Brief. Gewiß hat er das lustig gefunden, denn er ließ ein großes Stück davon in die Zeitschrift »Schilderei von Kopenhagen« einrücken, wo es noch immer paradiert. Meine Freunde in Slagelse dankten mir deshalb vielmals für den interessanten Brief, den sie allesamt bekommen und später gedruckt gelesen hatten.

In den ersten Tagen gingen wir viel spazieren, besuchten Marienlyst und Hammermøllen, wo M. mich und die Kinder einlud, auf den Holzpferden (das war eine Schaukel, die sich herumdrehte) zu reiten. Ich habe mich gewiß komisch dabei ausgenommen. – Zu Hause machten die Gattinnen sämtlicher Honoratioren bei der gnädigen Frau Visite. – »Sie können sich gar nicht vorstellen, wie sehr ich mich freue, daß ich hierhergekommen bin«, sagte sie. »Slagelse ist eine ganz entsetzliche Stadt, da gibt es soviel Bosheit und Verleumdung, keine ehrbare Frau bleibt davon verschont! Sie sollten nur wissen, was da von mir erzählt wurde.« Und dann berichtete sie ihnen all die skandalösen Dinge, die man ihr wirklich nachgesagt hatte. Die armen Damen erröteten und knicksten, während ich über diese Berichte die Sprache verlor. Sobald der Besuch weg war, fragte ich Frau M., wie sie dergleichen von sich geben könne. »Es ist besser«, entgegnete sie, »wenn ich es ihnen erzähle, als daß sie es von Fremden hören. Aus meinem Mund glauben sie es nicht.«

Die Schule fing an, und hier hatte wirklich alles einen flotteren Zuschnitt als in Slagelse. Wir saßen in großen, hellen Zimmern, die Jungen waren kecker und wußten nichts von Verzagtheit; die Lehrer gingen eleganter gekleidet, selbst M. erschien die ersten Tage im Frack. – Oberlehrer Schjørring, ein witziger Kopf, voller Laune und Humor, unterrichtete uns in Geschichte und Geographie. Er war ein ehemaliger Offizier und äußerst unterhaltsam, wußte über alles etwas Bescheid, war außerdem musikalisch und spielte mehrere Instrumente. Er ist derjenige, der Text und Musik des bekannten Liedes »Jan Pjet, Jan Pjet, Jan Pjerrelierreliet« geschrieben hat, dessen einzelne Verse jeweils in einer anderen Sprache sind. – Auf meine Stimmung hatte er einen erheblichen Einfluß. Es war übrigens komisch, welch einen Groll er gegen zwei Menschen hegte, denen er bei jeder Gelegenheit, in jeder Stunde und in jedem Vortrag, einen Hieb versetzte – und das waren Napoleon und Oehlenschläger. – So sagte er: »Napoleon war ein winziges Männlein, und er wollte doch so gern groß aussehen. Als er dann gekrönt werden sollte, ließ er sich vier der allerkleinsten Männer des ganzen Reiches kommen, die sollten sich neben dem Thron aufstellen und dabei schwarz gekleidet sein, um neben ihm recht klein zu wirken. Dann krönte er sich – ›*Je suis le grand!*‹, und dabei war er doch so winzig!« – Vom Feldzug nach Rußland erzählte er, daß der große Napoleon dem Trunk verfiel: »Er trank einen so starken Extrakt, daß sich die Generäle im Zelt umdrehten und ihn wegschütteten, denn sie konnten ihn nicht vertragen. Oh«, fuhr er fort, »Napoleon litt auch selbst unter diesem Verfall, es rappelte ein bißchen in seinem Hirn.«

Ich geriet sogleich in Opposition zu ihm, vor allem Oehlenschlägers wegen. Von Napoleon hatte ich noch keinen rechten Begriff, ich sah in ihm nur den merkwürdigsten Mann meiner Zeit; mein Vater war von ihm begeistert gewesen, zu Hause hatte man von ihm stets wie von einem Gott gesprochen. – Schjørring belustigte sich darüber, daß ich mich für diese beiden Männer ereifern konnte, während er sie herunterriß, und war mir deshalb nicht im geringsten gram. Auch Meisling hatte vor Schjørring große Achtung und fand ihn unterhaltsam, weshalb er uns in der ersten Zeit jeden Sonntagabend besuchte.

Zwei andere Lehrer waren Militärs, der eine Offizier (Arndrup) unterrichtete die oberste Klasse, die ich nun besuchte, in Mathematik. Hier gab es keinen, der von Mathematik besonders viel wußte, das war in Slagelse, unter Andresen, ganz anders gewesen. In Helsingør wurde nicht einer der Anhänge von Bjørns *Geometrie* studiert, und niemand beherrschte sie, während ich in Slagelse alles wunderbar aufgeschrieben hatte. Dort hatte ich den Ruf gehabt, daß ich Mathematik nicht lernen könnte; hier wurde ich gelobt, weil ich auf gleichem Fuß mit den Besseren stand. Dies hatte auf mich wie gewöhnlich die beste Wirkung, ich lernte deshalb mit Lust und Verstand, und erst jetzt ging mir auf, daß Mathematik nicht, wie ich erst geglaubt hatte, etwas zum Auswendiglernen war, sondern daß man sie nur begreifen mußte. Jetzt brillierte ich geradezu und mußte die mathematischen Sätze sogar den anderen erklären. Das erfüllte mich mit Stolz, und nun gelang es mir fast jeden Monat, in Mathematik mein »Vorzüglich« zu erringen.

Dieser und mehrere ähnliche Fälle haben mich davon überzeugt, daß Lob und Ermunterung bei mir alles bewirken können, dagegen werde ich durch Tadel und Gleichgültigkeit abgestumpft. – Das größte Lob, gerade das macht mich ängstlich und treibt mich an, mich ihm auch würdig zu erweisen. Es macht mich nicht eitel, nein, oft bin ich durch ein Lob gleichsam wieder zum Kind geworden, habe mich innig und dankbar an Gott geschmiegt und habe mich eben dann klein gefühlt, wenn andere mich erhöhten. Dagegen macht mich harte, unbillige Kritik bitter und hochmütig und nimmt mir die Lust zum Wirken. So ist es mir seither mit meinen poetischen Arbeiten oft ergangen: Wenn ich den Anfang eines Stückes, das noch nicht fertig war, vor Fremden vorgelesen habe und von ihnen dafür getadelt wurde, dann habe ich es kaum jemals vollenden können.

Indessen zog das Slagelse-Leben in Meislings Haus bald wieder ein, mit uns zusammen war auch der kleine Hauskobold umgezogen. M. wurde wieder mürrisch und verdrossen, die gnädige Frau sang die Grillen weg: »O flieh, Betrogne, flieh, und trau dem Falschen nicht.« – Eines Sonntags wollten wir zu einem schönen Platz am Øresund, zum Odinshügel, fahren, doch unterwegs gab es Streit, und als wir das kleine Gebüsch erreichten, das die Aussicht verdeckte, verließ M. den Wagen. Er war so wütend, daß er nichts davon sehen wollte, und legte sich deshalb zum Schlafen neben den Wagen ins Gras. Die gnädige Frau wollte gar nicht erst aussteigen, und so waren ich und die Kinder die einzigen, die ein paar Schritte hinter die Büsche gingen und dort eine der ersten Aussichten fanden, die mich damals ergriffen hat. – Wir standen auf einem Steilufer, zu unseren Füßen sahen wir Fischerhütten mit ausgespannten Netzen, Schiffe segelten über den Øresund, dessen Wellen sich mit einem Getöse brachen, wie es mit Eisenstangen beladene Wagen machen. Gegenüber lag Schweden mit dem Kullaberg, wo der bläuliche Rauch in die klare Luft aufwirbelte. – Seither hat mich keine Partie der Natur stärker ergriffen als diese, allerdings war es ein herrlicher Tag, und die Sonne schien mir auch ins Herz.

Die alte Schweinerei zu Hause wurde noch schlimmer. Ich will ein paar Beispiele anführen. Es gab einen Diwan mit Schränkchen an den Seiten, in denen alles mögliche lag. Wenn wir nun Suppe mit Fleischklößchen aßen, dann ist es ein paarmal geschehen, daß die gnädige Frau die Klößchen mit den Fingern herausnahm und sie in den Schränkchen zum Abendbrot aufhob, weil sonst die Mädchen sie womöglich gegessen hätten. Hviid (der zweite Logisgast) und ich mußten oft gemeinsam von einem Teller essen, und wenn es als erstes Grütze oder süße Suppe gegeben hatte, bekamen wir das zweite Gericht häufig auf denselben Teller. – »Denn«, sagte M., »das ewige Wischen und Waschen geht über das Geschirr her.« – Hviid und ich schliefen in der Bibliothek der Schule, wo die Luft nicht eben gut war und wo auch der Wintervorrat des Hauses, ein Viertelfaß Butter, stand. Nun behauptete die Gnädige, daß die Mädchen zu verschwenderisch mit der Butter seien, und ging mit ihnen eine Wette ein, daß sie selbst mit soundsoviel in einem Monat oder einer Woche auskäme. Dieses Quantum reichte jedoch nicht aus, doch weil sie die Wette gewinnen wollte, schlich sie sich auf Strümpfen in unser Schlafgemach und stahl Butter von ihrem eigenen Vorrat, und währenddessen zitterte ich vor Angst, daß M. dazukommen und sie solcherart bei uns antreffen könnte! – Ansonsten war sie überaus freundlich, brachte uns oft mitten in der Nacht Kaffee – ich wurde geweckt, trank ihn und – schlief wieder ein.

Ihr Ruf verbreitete sich nun auch in Helsingør, die Zänkereien mit den Mädchen, die alten Szenen und [...] begannen von neuem. Auch M. stand mit den hiesigen Lehrern mehr und mehr auf gespanntem Fuß. Täglich bekam ich zu hören, wie sehr es ihn reue, daß er mich mitgenommen habe, denn die 200 Reichstaler jährlich, die ich für Kost und Logis bezahlte, seien in Helsingør gar nichts. Das sagte er sogar zu Fremden, in meinem Beisein. Ich wurde schlecht behandelt, und wenn M. mit irgendeinem Gast zu Mittag Braten aß, bekam ich gekochtes Fleisch, und selbst da sagte M., als ich mir einmal ein zu großes Stück abschnitt: »Na, Sie langen ja tüchtig zu!« – Meine Stimmung wurde von Tag zu Tag trüber, meine Stellung war ja viel schlimmer als in Slagelse! Ich will all die Schweinerei, all die Leichtfertigkeit, deren ich Zeuge wurde, überspringen; ich sank immer mehr zusammen und wurde ganz melancholisch, denn ich fühlte mich so fern von meinem rechten Ort.

Oft gab es die komischsten Szenen, doch für mich waren sie stets Anlaß zu Angst und Grauen. – Als wir noch das poetische Mädchen hatten und zwischen ihr und der Gnädigen Zwietracht herrschte, saßen wir einmal in dem kleinen Garten, der an die Küche grenzte, beim Mittagessen. Das Mädchen wusch in der Küche ab und begann plötzlich einen Text über die Leichtfertigkeit der gnädigen Frau zu improvisieren, den sie nach der Melodie eines vaterländischen Liedes sang. M. horchte auf, verstand jedoch nicht, was ich nur allzu gut hörte, und fragte nun seine Gattin: »Was ist das? Ich glaube, sie nennt unsre Namen!« – »Oh«, entgegnete die gnädige Frau, »darauf darfst du nicht achten, sie steckt voller Bosheit, diese gemeine Kreatur!« – Oft, wenn die gnädige Frau in Geldnot war, ließ sie sich wahrsagen. Wir holten ein schwedisches Dienstmädchen, das sich prachtvoll darauf verstand und in der Regel nur dann gute Auspizien entdekken konnte, wenn die Gnädige ihr Punsch oder Kaffee versprach. – Die Vorstellungen, die ich von den Frauenzimmern bekam, ließen mich gar nichts Gutes von ihnen denken, und die gnädige Frau versicherte mir, alle seien genau wie sie, ich sei jedoch für mein Alter so hübsch unschuldig. – Doch fort von alledem und vielem mehr!

Ich bin Dichter, und aus mir wird etwas! – Das war der einzige Gedanke, der mich stärkte und der mich hielt, doch ich hatte ihn nur für Augenblicke. M. versuchte, vielleicht in guter Absicht, ihn mir ganz auszutreiben; auch meine Freunde in Kopenhagen, welche befürchteten, die Poesie könnte meinem Fleiß schaden, taten das Ihre, und daran trug ich in dieser ganzen, wahrhaft unglücklichen Zeit am schwersten. – Frau Wulff empfand für mich wirklich wie eine Mutter, doch von meiner Stellung im Hause M. hatte sie keinen klaren Begriff, denn wie es dort zuging, wagte ich gar nicht zu erwähnen. In jedem meiner Briefe teilte ich ihr mit, daß ich ein großer Dichter werden wolle, und da sie nun ebenfalls befürchtete, daß mich dieser Gedanke verwirren könnte, kämpfte sie gegen ihn besonders an, und das hat mich viele Tränen gekostet. – So schrieb sie einmal in ihrem

13

so gut gemeinten Brief: »Wachen Sie um Gottes Willen auf, lieber Andersen! Träumen Sie nicht davon, unsterblich zu werden – einen Platz unter den großen Männern im großen Haus zu finden! Danken Sie Gott, daß dafür gesorgt wird, daß Sie etwas lernen können, daß sich Ihr Verstand bilden kann, daß Sie die Möglichkeiten haben, zu erfahren, wo nicht zu beurteilen, was es an Großem und Schönem im Leben gibt!« usw. – »Immer beschäftigen Sie sich mit sich selbst, mit dem großen Dichter, der Sie werden wollen. – Lieber Andersen, Sie können doch wohl selbst merken, daß Ihnen nichts von all diesen Ideen gelingen wird und daß Sie auf dem falschen Wege sind! Wenn ich nun auf die Idee verfiele, daß ich ›Kaiserin von Brasilien‹ sein wollte, und dann merkte, daß alle meine Versuche scheiterten, daß niemand bereit wäre, darauf einzugehen, sollte ich mir da nicht die Mühe machen, so viel Vernunft und Überlegung zusammenzubringen, daß ich einsehen könnte: Du bist Frau Wulff, tu deine Pflicht und sei keine Närrin. –«

Doch oft spendete sie mir liebevollen Trost, der mein Herz erquickte, so einmal, als sie von Fremden etwas mehr über meine Stellung gehört hatte:

» – Wie sonderbar, lieber Andersen, vor ein paar Tagen hat mir von Ihnen geträumt, und das halte ich für eine gewaltige Triebfeder, weshalb ich Ihnen unbedingt schreiben muß. Es schien mir, als wäre ich in Helsingør und Sie kämen mir triumphierend entgegen und sagten: ›Der Rektor hat mich mißhandelt, ich aber bleibe fest, bis das Ziel erreicht ist, wie Christus mein Erlöser!‹ Und Sie schienen mir so recht froh und zufrieden auszusehen, nach diesem Sieg, den Sie über sich selbst errungen, indem Sie sich nicht von der Unbilligkeit des Rektors haben entmutigen lassen, und als ich erwachte, beschloß ich sogleich, Ihnen meinen Beifall mitzuteilen. Aber lassen Sie mich nun auch wissen, ob es wirklich eine Unstimmigkeit zwischen Ihnen und Ihrem Rektor gegeben hat, Sie pflegen mir doch sonst Mitteilung davon zu machen; da ich jedoch nichts dergleichen gehört habe, ist es vielleicht ein gewöhnlicher Traum, ohne einen Bezug, gewesen. Sollte dagegen Ihr Charakter so viel Kraft gewonnen haben, guter Andersen, daß Sie die Unbilligkeiten des Rektors nicht mit Gleichgültigkeit, wohl aber mit Resignation ertragen, dann gratuliere ich Ihnen und allen Ihren Freunden von ganzem Herzen, und dann werden Sie sehen, wie leicht und gut alles nun gehen wird. Sie kennen das Temperament dieses Mannes und wissen, daß er es gut mit Ihnen meint – sagen Sie das nicht immer selbst? Nehmen Sie diesen heftigen Ausbruch als eine für seine Gesundheit notwendige Erschütterung der Lunge; denn ich bin fest davon überzeugt, daß etwas Physisches im Spiele ist, und trösten Sie sich also damit, daß Sie zur Erhaltung seiner Gesundheit beitragen – gewiß ist die Art und Weise höchst unangenehm, doch unter unsanften Umständen muß man nach allen Trostgründen greifen. Das erste Exempel, das ich Ihnen im Traum – wie im Wachzustand empfehle – nicht allein in Worten, sondern in Taten –, ist Christus, unser Erlöser! – Doch es gibt noch andere im Leben, suchen Sie danach und folgen Sie ihnen! Nehmen Sie auch Phantasiebilder, sehen Sie auch das kleine Aschenputtel an: Es wurde von Vater und Schwestern, die es doch hätten LIEBEN sollen, gehaßt und verfolgt, und doch ertrug es sein Los mit Geduld – und welch ein Lohn wurde ihm dann zuteil! So geht es immer, und wo Sie so herzensgut sind, lieber Andersen, und Ihren Wohltätern so dankbar – vergessen Sie nicht, daß unser guter König selbst Ihr Wohltäter ist! –, da werden Sie lieber einige Jahre Leiden mit Geduld ertragen als andere, die Sie liebhaben und denen Sie lieb sind, durch eine Veränderung Ihrer Karriere betrüben! – Ich kann nicht sehen, daß Ihnen eine Stellung in der Welt zugänglich wäre oder daß Sie zu etwas anderem geeignet wären als zum Studieren, doch ich halte es für schmeichelhaft, nur für das Beste geeignet zu sein!«

Doch nur für einen Augenblick war es mir möglich, auf solche Art Trost und Mut einzusaugen. M. war sehr heftig, es machte ihm Spaß, die Schüler zum Narren zu halten, und da dies auf mich ganz besonders wirkte, war ich am häufigsten die Zielscheibe seiner Wurfspieße. Meine gute Laune verschwand vollkommen, nichts in meiner Umgebung trug dazu bei, mich wieder aufzumuntern. – Niemals kam ich aus dem Haus, wenn ich von einem kleinen Spaziergang auf der Straße absehe, den ich in der Mittagsstunde mit M. und den Kindern unternahm; das Tor wurde abends um sechs geschlossen, und um neun Uhr wollte er schlafen. – Jeden Tag erzählte er mir, daß niemals etwas aus mir würde, daß ich dumm sei, daß ich nichts werden könne. Dieses Gefühl, daß ich Unterstützung und Hilfe genoß, ohne ihrer würdig zu sein, drückte mich zu Boden. Ich schrieb mehrmals deswegen an Collin, bat ihn, da ich untauglich sei, mich aus der Schule zu entfernen, doch er tröstete mich freundlich. Auch hatte ich bei den anderen Lehrern gute Zensuren, in Religion, Dänisch und Geometrie bekam ich fast immer »Vorzüglich«, nur bei M. und dem neuen Lehrer Thortsen (der lateinische Grammatik unterrichtete) waren sie schlecht. Ich hatte den innigen Wunsch zu sterben, das war mein Gedanke, wenn ich mich abends niederlegte, dieser Gedanke wurde am Morgen mit mir wach, und mit Furcht und Grauen vor den ersten zwei Stunden, den Unterrichtsstunden bei M., ging ich an meine Arbeit. Dieser äußerte sich stets [...] und war bemüht, mich vor allen anderen lächerlich zu machen; am Ende glaubte ich, er habe recht, gab mich vollkommen selber auf und lernte nur noch, weil Collin und meine Freunde es wünschten.

In einer solchen Stimmung, nachdem ich mein Herz ausgeweint hatte und nun sehnlich und fest darauf hoffte, daß der Herrgott mich sterben lassen werde, schrieb ich mein Augenblicksgefühl in einem kleinen Gedicht nieder, und das war *Das sterbende Kind* – jenes von allen meinen

Gedichten, das die Leute am meisten angesprochen und das Glück genossen hat, in mehrere Sprachen übersetzt zu werden. – Als es geschrieben war, bekam ich die entsetzlichsten Gewissensbisse, weil ich nun doch gedichtet hatte, und das durfte ich ja gar nicht. Ich schrieb das Gedicht nun in einem Brief an Collin ab und versicherte ihm, ich könne gar nichts dafür, es sei ganz von selbst gekommen, und ich hätte mit seiner Abfassung keine Zeit verschwendet – und das erleichterte mein Herz. Selbst Meisling bekam mein Gedicht zu sehen, denn da man mir das Dichten verboten hatte, glaubte ich wirklich, ich hätte damit eine Sünde begangen.

Ich verlor immer mehr den Mut, denn M. behandelte mich immer schlimmer. Oft holte er mich auf sein Zimmer, erklärte mir, ich sei ein Kamel und würde niemals das Abitur schaffen, und was mein Talent zur Dichtkunst betraf, so schwor er mir hoch und heilig, ich hätte davon keine Spur. – »Oder glauben Sie etwa«, sagte er, »daß ich es nicht merken würde, wenn Sie den kleinsten Funken davon hätten? Ich bin selber Dichter und weiß wohl, was das ist. Aber das bei Ihnen, das ist Verwirrung, Dämlichkeit und Wahnsinn! Wäre in Ihnen ein Körnchen von Poesie, bei Gott, ich würde Sie ermuntern, ich würde verzeihen, daß Sie in Schulangelegenheiten und Grammatik ein Kamel sind, aber alles, was Sie haben, ist eine fixe Idee, die Sie ins Irrenhaus bringen wird. – Gesetzt den Fall, Sie könnten einmal als Schriftsteller auftreten, dann will ich Gift drauf nehmen, daß das Publikum ihr Schreiben wie *Glöckner Heegaards Reimbeutel* liest, Sie auslacht und daß Ihre Poesien als Makulatur bei Soldin herumliegen.« – So sprach er zu mir, oh, ich erinnere ganz deutlich jedes Wort, das er sagte, und dabei funkelte sein Blick vor Zorn – nie werde ich das seltsame grüne Schillern in seinen Augen vergessen –; alle meine Nerven zitterten, ich war nahe daran, zu Boden zu sinken. – »Nennen Sie mir ein einziges Gedicht, eine einzige Zeile Poesie, die Ihr leeres Gehirn fabriziert hat. Sie haben kein Gefühl, das ist bei Ihnen nur Geflenne; Sie haben keine Phantasie oder nur solche, wie sie die Kandidaten der Irrenanstalt Bistrup haben, und vom Verstand will ich gar nicht reden. – Sagen Sie mir irgend etwas, was Sie an Poesie gemacht haben!« – Ich weinte und konnte nicht antworten. Mein Gedicht *Das sterbende Kind* war »Geflenne, das jeder Abtritt-Poet zusammenschmieren könnte«.

Ich hatte nun die größten Zweifel, ob ich überhaupt ein Dichter sei, und dies war das einzige gewesen, was mich aufrechterhalten hatte. – Alle meine Briefe waren Gejammer, an Frau Wulff schrieb ich sogar, ich wolle nach Amerika gehen, weshalb sie mich tüchtig ausschimpfte. Ja, meine Verzweiflung wurde so groß, daß ich unter diesen Umständen – weil ich ja doch nichts werden konnte und nur den Staat um das Geld betrog, das ich für meinen Unterhalt bekam – sogar einen Selbstmord für zulässig hielt. – Meine Mitschüler, auch die anderen Lehrer verdoppelten indessen ihre Freundlichkeit, und Collin schrieb M. einen ernsten Brief, der meine Stellung betraf und ihn in eine solche Raserei versetzte, daß er in mein Zimmer gestürzt kam und mich fragte, ob ich es gewagt hätte, ihn anzuklagen und zu jammern – ich solle sofort meine Sachen packen und sein Haus und die Schule verlassen. – Ich glaubte, daß es ihm ernst damit sei, und fing zu packen an. Doch als er das sah, wurde er mit einem Mal ganz freundlich, bat mich, das Geschehene zu vergessen, und sagte, daß er es gut mit mir meine und nur ein bißchen hitzig sei, aber ich würde das Abitur schon bestehen, er wolle mir auch etwas Privatunterricht geben. Außerdem sprach er mit Thortsen, der mich nun jeden Sonntag in lateinischer Grammatik abfragte, und zwar ohne Honorar. In diesem Monat bekam ich auch bei M. eine gute Zensur; denn er pflegte uns am letzten Tag des Monats in einem kurzen Stück zu prüfen, und wenn wir das konnten und er in guter Laune war, dann galt diese Zensur für die ganze Zeit.

IX

Nun traf es sich, daß Oehlenschläger mir seinen Roman *Die Insel in der Südsee* geschenkt hatte, und der machte nun unter den Schülern die Runde. Bei der Mutter des einen, der sich das Buch geliehen hatte (ein Sohn des bekannten Lars Bache), logierte ein schwedischer Konsulatssekretär namens Ludolph Schley. Er hatte Tegnérs *Frithjofssaga* und *Axel* ins Deutsche übersetzt, las nun zufällig mein Exemplar der *Insel in der Südsee,* und als er mich eines Tages bei Bache sah, sprach er mir seinen verbindlichen Dank aus und bemerkte, ihm sei zu Ohren gekommen, daß ich viel Sinn für Poesie besitze. Ich konnte mein *Sterbendes Kind* auswendig, trug es ihm vor, und er zeigte sich begeistert. Das freute mich zwar, doch gleich darauf kamen mir Zweifel, ob er das wirklich so meine. – »M. kennt mich besser und versteht sich auch darauf.«

Als ich eines Tages daheim in meinem kleinen Zimmer saß, klopfte es an die Tür, und es war Schley, der mir einen Besuch abstatten wollte. Ich erschrak ungeheuer, denn M. duldete nicht einmal, daß mich ein Schüler besuchen kam. Ich sagte ihm nun ganz ehrlich, daß ich ihn nicht empfangen dürfe, weil M. das nicht möge, und bat ihn, mich niemals wieder aufzusuchen. Er antwortete, daß ihm meine naive Offenherzigkeit gefalle, und er lud mich ein, doch einmal zu ihm zu kommen. An einem Sonntagmorgen unternahm ich das Wagnis. Er bewirtete mich mit einem Frühstück und Wein, verehrte mir seinen *Frithjof* und sagte, er könne das nicht recht erklären, doch er müsse mich einfach gern haben und ich solle ihn oft besuchen. Darüber erschrak ich abermals, und ich schrieb deshalb an ihn, daß ich ihm ohne M.'s Wissen, dem ich das nicht mitzuteilen wagte, keine weiteren Besuche abstatten dürfe. – Eines Tages, wie ich so dasitze, erhalte ich einen Brief: Er wolle mir Lebewohl sagen, denn er sei nach Libau im Kurland versetzt und nun kurz vor der Abreise; er bitte mich, etwas in sein Stammbuch zu schreiben, in dem schon die Namen von Atterbom, Tegnér, Geijer und mehreren anderen schwedischen Dichtern zu finden seien. Zugleich fragte er an, ob er mich besuchen dürfe oder ob ich zum Abschied zu ihm kommen wolle. Ich versprach letzteres, doch um einen Vers zu schreiben, fehlte mir der Mut – ich durfte ja nicht und befürchtete, es könnte M. zu Ohren kommen. Ein paar Worte in Prosa, ein kurzes Lebewohl, das war alles, was ich ihm geben konnte, doch ich schenkte ihm auch eine Abschrift meines Gedichts *Das sterbende Kind.* Als wir voneinander Abschied nahmen, drückte er mir herzlich die Hand und sagte, wir müßten Freunde sein, müßten uns näher kennenlernen, was vorerst durch Briefe geschehen könne. Wir einigten uns darauf, und unsere poetische Freundschaft besteht bis zu diesem Augenblick, obwohl wir uns seitdem nicht wieder gesehen haben. Zwischen uns liegt das Meer und eine Fülle von Erinnerungen, die sicher unsre Züge verändert haben und bei mir zumindest einen großen Teil meines ganzen Wesens.

Als der Hebräischlehrer der Schule als Pfarrer nach Bornholm berufen wurde, bekamen wir einen neuen (Werliin), einen Kandidaten der Theologie, der bei M. Schüler gewesen und von ihm selbst für diese Stelle vorgeschlagen worden war. Der junge Mensch mußte jeden Sonntag bei ihm verbringen, das war eine feste Regel, und dadurch wurde er nach und nach mit dem häuslichen Leben vertraut. M. behandelte mich wieder wie zuvor, ja, noch schlimmer, sogar an der Feuerung für meinen Kachelofen wurde gespart. Wenn die anderen die Schule verlassen hatten und das Klassenzimmer noch warm, die Luft aber nicht die beste war, ließ er mich dort zum Lernen sitzen. Auch darüber, daß ich zuviel äße, beklagte er sich. Die Gesellschaft der gnädigen Frau widerte mich an; sie und die Mädchen verlustierten sich oft damit, mich in Verlegenheit zu bringen, kurz – es war abscheulich, ich war unglücklich, drohte zugrunde zu gehen und M.'s Spott und seiner falschen Behandlungsweise zu erliegen. Collin schrieb zwar einen weiteren Brief, doch seine Wirkung hielt nur einige wenige Tage an, dann war alles wieder beim alten. – Werliin, der erkannte, wie es um mich stand und wie ich litt, riet mir eines Tages, jedoch mit größter Vorsicht, Collin meine Stellung ganz zu offenbaren, er selbst wolle in den bevorstehenden Osterferien zu ihm gehen und ihm alles erzählen. – Er tröstete mich herzlich, sagte mir, daß ich begabt sei, daß aus mir etwas werden könne und müsse. Dieses Lob feuerte mich so sehr an, daß ich es sogar in Hebräisch mehrmals auf »Vorzüglich« brachte. – Als die Ferien anbrachen, fuhren Werliin und ich nach Kopenhagen, wo ich geistig Leben oder Tod erwartete.

X

Wulffs, die ich besuchte, nahmen mich liebevoll auf. Ihre Freundlichkeit erweckte bei mir schon am ersten Abend aufs neue Hoffnung und Mut, ich hatte wieder Vertrauen und Glauben, und früh am nächsten Morgen ging ich voller Erwartung zu Collin. Er ermunterte mich aufs beste, bat mich jedoch zu ertragen, was unabänderlich sei. Indessen meldete sich auch Werliin bei ihm, den Inhalt ihres Gesprächs kenne ich nicht, doch Collin bestimmte augenblicklich, daß ich M.'s Haus verlassen und in Kopenhagen privat unterrichtet werden sollte. Werliin hatte ihm dafür den (hebräischen) Müller empfohlen, ich glaube, für sechzehn Reichstaler monatlich. Im Jahr darauf sollte ich dimittiert werden.

Wie war ich glücklich! Ich atmete und lebte von neuem, meine alte gute Laune kehrte zurück, ich konnte kaum schlafen in der folgenden Nacht, frühmorgens, im Bett bei Wulffs, schrieb ich mit Bleistift mein erstes komisches Gedicht: *Der Abend*. Es ist in meinen *Gedichten* gedruckt und war auch das erste, das der geistreichen, lieben Jette gefiel, die in dieser Zeit meine getreue Beschützerin und Verteidigerin wurde. Später wurde sie mir, wie ich fast zu sagen wage, eine Schwester – obwohl ich sie oft necke und ärgere, doch immer im Spaß. – Ihr Lob, ihr Humor haben auf mich eingewirkt; sie ist schuld an den meisten meiner komischen Gedichte, für die sie meinen Sinn mehr und mehr weckte, während sie mich vom Sentimentalen weggedrängt hat. Nicht einmal *Das sterbende Kind* fand recht bei ihr Gnade; als ich es vortrug und dazu noch Alfs Monolog aus *Hagbarth und Signe* deklamierte, hat sie mit Lotte Oehlenschläger herzlich darüber gelacht – das lag jedoch auch viel an meiner Aussprache, die vom Dialekt geprägt war, so sagte ich im *Sterbenden Kind* von der Wange der Mutter: »Sie ist pleich!« anstatt: »Sie ist bleich!«

Indessen schrieb Collin einen Brief an M. (der sich in Kopenhagen aufhielt) und teilte ihm mit, daß er es für dienlicher für mich halte, wenn ich das letzte Jahr privat unterrichtet würde, und mich aus diesem Grunde aus der Schule entfernen wolle. Mir selbst riet er, mit dem Dampfschiff nach Helsingør zu fahren und dort M. zu erwarten, um Abschied von ihm zu nehmen, damit alles auf die freundlichste, die beste Art geschehen könnte. – Ich sah das kommende Unwetter voraus, tat aber natürlich, wie er verlangte.

Am Sonntagnachmittag traf ich also überraschend mit dem Dampfschiff in Helsingør ein. Die gnädige Frau wunderte sich nicht wenig, doch ich wagte den Grund für mein Erscheinen nicht gleich zu nennen, ich befürchtete nämlich, sie könnte auch noch leidenschaftlich werden, vor allem weil sie mit Sehnsucht auf die Geldsumme wartete, die ich für den folgenden Monat vorausbezahlen sollte. Deshalb sagte ich am ersten Tag noch nichts. Es war jedoch ungünstig, daß ich so plötzlich heimgekehrt war. »Wir haben alles aufgegessen!« sagte sie halb im Spaß, »Sie müssen heute abend irgendwo zu Besuch gehen und sich etwas geben lassen, die Mädchen haben auch frei bekommen, und das bis morgen früh.«

Ich war in Helsingør noch keinen Abend ausgegangen und freute mich daher, daß ich einen der Lehrer besuchen konnte. – Die Gnädige gab mir den Schlüssel für das Tor, und ich flatterte davon. Doch als ich um zehn Uhr zurückkam und ins Haus hinein wollte, war es nicht möglich, das Tor aufzuschließen. Der Wächter half mir, doch ohne Erfolg – es war der falsche Schlüssel! Ich zog an der Klingel, bis die Nachbarn erwachten, doch aus unserm Haus kam niemand, um mir das Tor zu öffnen. – Also blieb mir nichts weiter übrig, als zu dem Lehrer zurückzukehren, aber hier war das Tor nun auch verschlossen; da stand ich nun mitten auf der Straße, ohne einen Schilling in der Tasche. Endlich sah ich in einem Haus, wo ein Mitschüler von mir wohnte, noch Licht brennen, läutete bei ihm und teilte diese Nacht mit ihm das Bett.

Am nächsten Morgen wurde ich von der gnädigen Frau herzlich ausgelacht und mit meiner Nachtwanderung geneckt – sie hätte mir aus Versehen den Schlüssel für den Brennholzschuppen und nicht für das Tor gegeben. Doch die Mädchen gaben mir deutliche Zeichen, weshalb sie uns in dieser Nacht allesamt entfernt und ausgeschlossen hatte.

Als ich ihr daraufhin erzählte, daß ich ausziehen würde, war sie im ersten Augenblick etwas betrübt. Das ging jedoch schnell vorüber, und sie schlug mir vor, wir sollten an diesem Tag ausgiebig miteinander in der Stadt spazieren gehen, um den Leuten zu zeigen, daß wir uns nicht in Unfrieden trennten. Am Mittwochabend wurde M. erwartet, mein Herz klopfte vor Angst. Endlich traf er ein, begleitet von einem Sohn des Schauspielers Heger, der an meine Statt ins Haus treten sollte, dann aber nur einige Wochen blieb. – »Sind Sie noch nicht weg?« fragte er, »wann wollen Sie verschwinden?« – »Morgen mit der Post«, antwortete ich, indem ich ihm aus dem Wagen half. Mehr sagte er nicht. Als ich mich zur Ruhe begeben hatte, kam ein Dienstmädchen nach dem anderen und nahm mir mit einer Entschuldigung jeweils eine Decke oder ein Kissen weg – für den jungen Heger, bis ich schließlich fast auf dem Bettboden lag.

Am Morgen, als M. dann in der Bibliothek war, ging ich zu ihm und sagte: »Ich will Ihnen nun Lebewohl sagen und mich für alles Gute bedanken, das Sie mir erwiesen haben!« – »Fahren Sie zur Hölle!« war seine Antwort, sein letztes Wort. Die gnädige Frau dagegen war gerührt, ich war es auch, die Schüler nickten mir ein freundliches Lebewohl zu, und ich rollte davon, fort von all meinem Jammer, meinem Elend, einem neuen Auftritt meines Lebens entgegen.

Vierter Abschnitt

I

Wie der Vogel in der Luft fühlte ich mich nun in Herz und Seele, jede Sorge, jede Grille war vergessen, und es schien, als wollte meine angeborene Munterkeit, die bis dahin eingedämmt gewesen war, nun fast zu wild hervorbrechen. Alles kam mir lustig oder närrisch vor; mein allzu heftiges Gefühl, das in seinem reinsten Schmerz von M. verspottet und ausgelacht worden war, hielt ich nun selbst für überspannt. Das Leben war doch so schön! Hinzu kam nun Jette Wulffs Lebenshumor, ihr unschuldiges Persiflieren, auch das färbte auf mich ab und verstärkte, was ich hatte: lustigen Sinn, gute Laune und Ausgelassenheit. Noch aber hatte ich kaum etwas von meiner Kindlichkeit verloren, was ein seltsamer Gegensatz zu meinen einundzwanzig Jahren war. Mein Vertrauen zu den Menschen war noch gar nicht erschüttert, nicht einmal für M. empfand ich Groll, sondern dachte nur an meine Freiheit, mein Glück.

Nun mußte alles möglichst ökonomisch eingerichtet werden. In der Vingaardsstræde mietete ich mir bei Frau Schwartz, einer Witwe, eine kleine Dachkammer. Sie war hübsch gestrichen, jedoch nicht größer, als daß sich drei, vier Menschen geradeso darin aufhalten konnten. Die Wände unter dem Dach waren schräg, und das Fenster war wie andere Dachfenster auch, hatte jedoch eine weite Aussicht. Ich schaute über die Häuser zur Holmensgade und zu den Schlachterbuden, und direkt gegenüber ragte der Turm der Nikolai-Kirche auf, den ich von oben bis unten sehen konnte. – Im Sommer ging die Sonne so prachtvoll unter, die Wolken kamen mir wie Berge vor, und oft versank ich hier in schöne Träume, während unten der Leiermann spielte. – Ich hatte ein kleines Schränkchen in der Wand, dies versah ich nun mit Brot, Butter und Wurst, sorgte also für mein Frühstück und Abendbrot selbst; die Mittagsmahlzeiten arrangierte ich schnell und leicht bei meinen Freunden: Kommandeur Wulff am Montag, Konferenzrat Collin am Dienstag, Etatsrat Olsen am Mittwoch, Frau Müffelmann am Donnerstag, Etatsrat Ørsted am Freitag, Verwalter Balling am Samstag. Den Sonntag hatte ich nicht besetzt, den wollte ich am liebsten freibehalten, denn ich wurde ständig eingeladen und fand diesen Tag dafür am günstigsten.

Ich wurde wie ein Mitglied der Familie aufgenommen, was mich zu Anfang genierte, ausgenommen bei Wulffs, wo ich ganz heimisch war. Das wurde ich bald auch in den anderen Häusern, bei Collins jedoch zuletzt. Obgleich ich den Vater mit ganzer Seele liebte, hatte ich ordentlich eine Art Angst vor ihm; das lag jedoch daran, daß ich mein Lebensglück, ja mein gesamtes Sein von ihm abhängig sah. Die älteste Tochter, die sich am meisten mit mir beschäftigt hatte, war nun verheiratet und aus dem Haus. Die anderen Kinder kümmerten sich gar nicht um mich; ja, Edvard sah mir so kalt, so abweisend aus, daß ich wirklich glaubte, daß er mich nicht ausstehen könne, daß er hochmütig und gar mein Feind sei! Das dachte ich von ihm, der mir später so unendlich teuer wurde und der, wie ich jetzt weiß, mein erster, mein erprobter Freund ist, die gute Seele!

Kandidat Ludvig Müller (der Sohn eines Doktor Müller) sollte mich nun in allen Fächern unterrichten, mit Ausnahme von Mathematik, denn er glaubte, daß ich diese allein bewältigen könnte (ich hatte alles in Helsingør gelernt, brauchte also nur zu repetieren; und was das Rechnen anging, war ich so tüchtig, daß es in Helsingør meine Aufgabe gewesen war, an jedem Monatsende die Zensuren aller

»Der Mond mit einem Kohldieb«

Schüler zusammenzuzählen und über Vor- und Zurücksetzen zu entscheiden). Müller war in den morgenländischen Sprachen besonders firm, weshalb er auch der »hebräische Müller« hieß, und sprach gut Isländisch. Er war ein ganz vortrefflicher Mann, ernährte nach dem Tod der Mutter auch noch seine zwei Brüder durch Stundengeben, beschäftigte sich mit mir überaus viel und gewissenhaft, war munter und freundlich, kurz: Er war das Gegenteil von Meisling. Nur einen Fehler hatte er, was für mich von großer Wichtigkeit war, er gehörte zu den »Heiligen«, und Grundtvig, Rudelbach und Lindberg waren seine Umgangsfreunde. Weil er mich nun sehr mochte und es für eine Sache der Seligkeit hielt, war es sein eifrigstes Bestreben, mich von all seinen orthodoxen Begriffen zu überzeugen, kurz: mich zu bekehren und einen »Geheiligten« aus mir zu machen. – In allem anderen verstanden wir uns vortrefflich, nur nicht, was Religion betraf. Lehrer Qvistgaard in Slagelse hatte bei mir ein vernünftiges Fundament geschaffen, und meiner eigenen Natürlichkeit war diese Buchstabengläubigkeit unerträglich. Ich fand auch, daß es etwas Komisches hatte und den Wert Gottes herabsetzte, wenn man ihn, entgegen dem Wort Christi, zu einem strengen Herrn machte, der mit ewigem Feuer ohne Erlösung strafte, weil der Mensch eine sündige Natur, die doch zum großen Teil angeboren war, nicht bekämpft hatte. – Der Champagner der Freiheit, der mich durchschäumte, ja, selbst die Lust zur Persiflage, die jetzt mehr und mehr in mir erwachte, ließ mich eifrig dagegen ankämpfen. Müller meinte es unbedingt ehrlich mit mir, doch er wünschte, daß ich an alle heiligen Dinge glaubte, auch wenn das meiner Vernunft widersprach. Oft brachte ich auch vernünftige Einwände vor, die ihn für einen Moment verblüfften, doch wenn er nichts darauf zu erwidern wußte, sagte er: »Ja, das klingt ja sehr richtig und wahr, aber glauben Sie nicht, daß jetzt der Böse aus Ihnen spricht? Er hilft den Seinen immer!« – »Aber es ist ja gerade mein Reden«, entgegnete ich, »daß es keinen Teufel gibt – außer bildlich gesprochen – und daß ein guter Gott unmöglich eine Hölle geschaffen haben kann, wo der Sünder dann ewig gequält wird. Zwar bin ich nur ein Mensch und, wie Sie auch sagen, ein sündiger, aber ich wage doch zu behaupten, daß ich meinen Feind nicht ewig quälen könnte – wie sollte es Gott dann können wollen!« – »Es steht in der Schrift«, erwiderte er, »und in der Schrift spricht Gott selbst, und Gott kann nicht lügen!«

So ging es immer; und als ich einmal von der Möglichkeit eines Theologiestudiums sprach, versicherte er mir hoch und heilig, falls ich jemals an seinem Wohnort zum Pfarrer ordiniert werden sollte, dann würde er öffentlich vortreten und sagen, daß ich keinen Eid ablegen dürfte, sofern ich meine Vorstellungen nicht geändert hätte. Es betrübte ihn förmlich, daß ich, der ich doch sonst ein braver Kerl wäre, im Glauben nicht umkehren wollte. Durch ihn veranlaßt, besuchte ich Grundtvig, doch der war genauso und sprach mir von Byron so schlecht, als ob der ein Gottloser wäre. – Lindberg, der bisweilen kam, sollte sich einmal meine religiöse Verstocktheit anhören, aber ich wollte nicht, nahm meine Bücher und ging nach Hause. Da ich der erste Schüler war, den Müller zum Abitur vorbereitete, wurde er etwas unruhig, und es war schon halbwegs beschlossen, daß Rudelbach den Unterricht übernehmen sollte; weil dieser jedoch nach Sachsen versetzt wurde, unterrichtete Müller mich weiter.

In der Schule war ich sehr fleißig gewesen, jetzt war ich es nicht minder, denn das war mir eine Sache des Gewissens. Doch weil ich jetzt gut behandelt wurde und mehr Mut und Lust besaß, ging es viel besser, und mir blieb sogar Zeit zur Zerstreuung; ich kam ziemlich viel herum und schrieb zu Hause auch mehrere kleine komische Gedichte. Mein Wesen hatte sich im Laufe der Zeit nur ganz wenig verändert; ich glaubte jedem, der etwas zu meinem Lobe sagte, wollte überaus gern beachtet werden, am liebsten allein das Wort führen und der Interessante sein. Die Eigenart, sogleich zum Rezitieren und Deklamieren bereit zu sein, hing mir noch aus alten Tagen an und setzte jetzt, im Zustand der Freiheit, neue Triebe. Meine lange, magere Figur, meine sonderbare Kindlichkeit und mein Interesse für alles Theatralische machten eine komische Wirkung, was ich in meiner Lebensfreude gar nicht bemerkte; ich glaubte wirklich, wie Oehlenschläger einmal sagte, daß jedes Lächeln ein Beifallslächeln sei. Darüber wurde oft gespottet, aber ich merkte es nicht! Dafür war meine Meinung von den Leuten wie auch von meinen eigenen Leistungen viel zu hoch.

Professor Thiele, der mir stets Interesse und später wahre Freundschaft entgegenbrachte, hat mir im nachhinein erzählt, was sich einmal in einer Gesellschaft bei einer reichen Familie zutrug: Nachdem einige Damen gesungen und der junge Gerson phantasiert hatten, wurde ich schließlich gebeten, eins von meinen Gedichten zu deklamieren – doch die Leute wollten nur ihren Spaß daran haben –, was ich sogleich besorgte. »Aber«, sagte Thiele, »das Gedicht war so poetisch, Sie sprachen es so natürlich, daß jene, die zum Lachen entschlossen gewesen waren, nicht recht wußten, was sie tun sollten, denn sie mußten anerkennen, daß da, wo sie etwas Närrisches erwartet hatten, etwas Ungewöhnliches geschehen war.« – Auch Collin wies mich auf diese meine Eigenart hin, was mich schmerzlich betrübte; ich versuchte auch, dagegen anzukämpfen, doch wenn ich gebeten wurde – ja, dann ging die Natur mit mir durch.

Bei Müller ging es übrigens recht gut, ich lernte zu Hause stets bis in die tiefe Nacht; doch wenn ich am fleißigsten war, überkamen mich die poetischen Ideen am heftigsten. Jenen quälenden »Reimteufel«, den ich besungen habe, gab es wirklich, ich trug so manchen harten Kampf mit ihm aus und hätte ihm gern das Tintenfaß an den Kopf geworfen; doch er hat mich nie dazu verlockt, meine Schulaufgaben zu versäumen.

II

Etwa um diese Zeit schloß ich erste Bekanntschaft – doch auch nicht mehr – mit einem Menschen, der mir später dann so unsagbar lieb geworden ist. Er hat auf eine fast magische Art mein Herz und mein Vertrauen angezogen und dies durch seine Liebenswürdigkeit auch verdient. – Eines Tages stand ich nämlich vor einigen ausgehängten Porträts, unter denen auch Carl Maria von Weber war, und während ich diese betrachtete, kam ein junger Herr dazu, mit einem auffallend offenen, unschuldigen Gesicht, voller Nachdenklichkeit und Sanftmut – just eins von jenen Gesichtern, die mich stets sofort gewinnen. Zuerst beachtete ich ihn nicht recht, bis mir auffiel, daß er so sonderbar starrte – bald auf mich, bald auf die Porträts. Ich dachte nicht weiter daran, doch kurze Zeit später traf ich ihn im Parkett des Theaters, wo ich ebenfalls bemerkte, daß er mich unverwandt ansah. – Endlich begegnete ich ihm eines Tages bei meinem Manudukteur, wo er mir und ich ihm vorgestellt wurde. Er brachte nun einige Entschuldigungen vor, weil er mich solcherart gemustert hätte, doch er habe bei unserem ersten Zusammenstoß eine so auffallende Ähnlichkeit zwischen mir und Carl Maria von Weber auf dem Porträt entdeckt, daß er unmöglich habe wegsehen können. – Er sagte mir auch, wo er wohnte. Es war ein Sohn unseres Bischofs von Seeland, mit Namen Ludvig Müller, genauso wie mein Manudukteur, mit dem er ansonsten nicht im geringsten verwandt war. – Nun kannten wir uns also, doch erst vier Jahre später (1832) wurde unsre Freundschaft recht vertraulich und befestigt, wie ich im weiteren darlegen werde.

Ich hatte damals keinen einzigen Freund und lebte im wahrsten Sinne des Wortes nur für mich selbst, empfand aber doch Sehnsucht nach einem Vertrauten. – Carl Bagger, den ich in Sorø kennengelernt hatte und sehr schätzte, hatte inzwischen sein zweites Examen bestanden und war nach Kopenhagen gezogen; er besuchte mich, und ich war häufig bei ihm. Ich mußte respektieren, daß er mir mit seinem Fonds an Kenntnissen überlegen war; seine kecken Lebensanschauungen überraschten mich, seine Beredsamkeit und Munterkeit machten ihn interessant, auch verspottete er das stark Sentimentale und hatte daher auf meinen Hang zum Komischen einen großen Einfluß. – Wir lasen uns gegenseitig unsre Verse vor, und er war bescheiden genug, die meinen stets als höher einzuschätzen und sich meine Phantasie zu wünschen. Fritz Petit, der wie Bagger in Sorø erzogen war, besuchte ihn häufig. Petit schrieb ebenfalls Verse und hatte vor kurzem seine *Gedichte aus der Fuchs-Zeit* herausgegeben, die mir jedoch, vor allem wegen ihrer krampfhaften Sentimentalität, überhaupt nicht gefielen. – Ich war für jeden Eindruck sehr empfänglich, und der Umgang mit diesen beiden war von Wirkung auf mein geistiges Ich. Sie sahen das Leben überaus lustig an und amüsierten sich darüber, daß ich noch so entsetzlich unschuldig war. Bagger fand das zumindest poetisch und originell und sagte deshalb einmal: »Es wäre schade, wenn man ihn verführte.« – Auch hier half mir meine Natur über alle gefährlichen Klippen hinweg, nur in meine Vorstellung prägte sich der Gedanke ein, daß im Grunde jegliche Ausschweifung verzeihlich sei, wenn sie nur nicht mit höheren Pflichten kollidierte und ein unschuldiges Wesen unglücklich machte. – Da ich bei Frau M. in die Schule gegangen war, mußten mir diese Anschauungen ja ganz natürlich sein, weshalb ich das Betragen aller jungen Menschen in dieser Hinsicht entschuldbar fand; dagegen stieg meine Verachtung für die Frauenzimmer in einem solchen Grade, daß gewiß DIESE es war, was mich noch unverdorben und unschuldig bewahrte.

Ansonsten hatte ich mit Bagger viele vernünftige und herzliche Gespräche; er mochte mich wirklich gern und hatte durch seinen Verstand und seine Kenntnisse in vieler Hinsicht auf mich einen guten Einfluß. Mehr als ein Jahr kamen wir solcherart oft zusammen; er fand jedoch viele neue Freunde, es gab so vieles, worin wir nicht harmonierten – ich weiß selbst nicht, er zog in eine andere Gegend der Stadt, wir begegneten uns seltener und haben uns in den letzten Jahren nur unterhalten, wenn wir uns auf der Straße trafen.

III

Ludolph Schley, mit dem ich in Briefwechsel stand und der mir immer vertrauter wurde, hatte indessen mein Gedicht *Das sterbende Kind* übersetzt. Es stand in einer Libauer Zeitung gedruckt, jedoch ohne Hinweis darauf, daß es eine Übersetzung war. Etatsrat Olsen hatte es dort gelesen und meinte, dies könne nicht angehen, das Gedicht sei von mir und dänisch geschrieben; man müsse es sofort bei uns drukken, sonst würden die Leute einmal behaupten, daß es nur eine Übersetzung sei. (Das hat man später, als man mir übel wollte, in der »Neuesten Schilderei« tatsächlich erklärt; man hat dort geschrieben, das Gedicht sei herrlich und echt poetisch, man habe es aber wohl schon irgendwo auf deutsch gelesen, indessen sei die Übersetzung vortrefflich.)

Etatsrat Olsen ließ mein Gedicht nun in der Zeitung »Kjøbenhavnsposten« drucken, sowohl mein dänisches Original als auch die deutsche Übersetzung von Schley. Es hatte sogleich ein großes Publikum, und kein anderes einzelnes Gedicht von mir (»Spielmann, schlag die Saiten« vielleicht ausgenommen) hat jemals eine solche Aufnahme gefunden. Dies war also das erste Gedicht, mit dem ich in Erscheinung trat.

Als ich eines Tages bei Etatsrat Ørsted zu Mittag aß, traf ich dort den Dichter Heiberg, der damals »Die fliegende

Post« herausgab und durch seinen *König Salomon* der Liebling des Publikums geworden war. Ich war entzückt von dieser Begegnung und versuchte es so einzurichten, daß ich bei Tisch neben ihm saß, was mir dann auch gelang. Wir gerieten ins Gespräch, und er sagte, er habe von mir reden gehört, ich solle ihn doch besuchen und ihm einige meiner Gedichte zeigen. Das tat ich auch und gab ihm gleich zwei: *Der Abend* und *Die grauenvolle Stunde*; er fand in ihnen etwas Originelles und nahm sie in »Die fliegende Post« auf. Ich setzte jedoch nicht meinen Namen darunter, sondern dasselbe Zeichen wie unter *Das sterbende Kind*: ein kleines »(h - -)«, was meinen Namen H. C. A. andeuten sollte. Diese beiden Gedichte erregten die Aufmerksamkeit der Leute wirklich, und ich erlebte hier einen ersten Triumph.

Im Hause von Kommandeur Wulff galt ich wirklich wie einer aus der Familie und wurde von allen sehr liebenswürdig behandelt; doch wenn auf mein poetisches Talent die Rede kam, äußerte sich der Kommandeur nicht sonderlich hoffnungsvoll. Er war auch der Meinung, ich würde durch diese Beschäftigung zu sehr von meinen Studien abgelenkt, was er mir etwas heftig erklärte, und das versetzte mich oft in verzweifelte Stimmung. Deshalb bekam er meine Gedichte nur selten zu hören, und jene Stücke, die in der »Fliegenden Post« erschienen, waren für ihn vollkommen neu. Als er die ersten beiden mit dem ihm unbekannten Zeichen gelesen hatte, ging er zu den anderen und sagte: »Hier ist ›Die fliegende Post‹, heute ist etwas Gutes darin!« – Und da sagte Fräulein Jette triumphierend: »Und das ist von Andersen!«

Mein Manudukteur Müller war indessen nach Christianshavn gezogen, oft mußte ich zweimal am Tage zu ihm gehen und kam erst spät abends nach Hause. Auf dem Hinweg war ich genug beschäftigt und mußte an meine Aufgaben denken, doch auf dem Heimweg ließ ich mich von der Phantasie unterhalten, und so entstand allmählich die

29

Idee zu meiner *Fußreise nach Amager*; ich schrieb nur einige Momente auf, fast der ganze Text dichtete sich im Kopf.

Meine Wirtin, Frau Schwartz, die eine ganz gewöhnliche Frau war, las fleißig meine in der »Fliegenden Post« gedruckten Gedichte. Eines Tages kam sie zu mir und sagte: »Sie können doch so gut Wörter zusammensetzen, wollen Sie nicht für mich ein Totenlied schreiben? Meine Freundin, Madam S –, ist gestorben, sie war eine vortreffliche Frau und so gut zu den Armen. Und ihr Sohn, der treibt sich herum, ach, aus dem wird nie etwas, der ist in schlimmer Gesellschaft, und wild ist er auch! – Zu mir sagt er immer: ›Du alte Hexe!‹ Seine Mutter hat mit ihm genug Kummer gehabt, sie war eine brave Frau. Jetzt können Sie die Wörter zusammensetzen, wie Sie wollen!« – Daraufhin schrieb ich zwei Verschen, natürlich ohne den Sohn zu nennen. Frau Schwartz fand sie hübsch, meinte aber, zwei Verse, das sehe etwas kärglich aus, so als wollte man nicht mehr spendieren, und bat mich, noch einen dazu zu schreiben, was ich auch tat. Doch als das Dienstmädchen vom Zeitungsbüro zurückkehrte, hörte ich, wie die gnädige Frau ausrief: »Was? Sieben Mark für diesen Schund!« – Es blieb mir also nichts weiter übrig, als den letzten Vers wegzustreichen und damit den Preis zu senken. Außerdem mußte ich den ersten Buchstaben ihres Namens daruntersetzen und den Rest mit Punkten ausfüllen, damit die Familie raten konnte, von wem das kam. Als Gegenleistung servierte sie mir jeden Sonntag Kaffee und einen Zwieback.

Endlich näherte sich der schicksalsträchtige Oktober.

IV

Da ich der erste war, den mein Manudukteur zum Examen schickte, und ich selbst eine unglaubliche Angst hatte, wurde auch er immer ängstlicher. Ich hatte nur gelesen, was man angeben mußte; das erschien ihm jetzt als zu wenig, und deshalb nannte er noch zwei weitere Schriftsteller, einen lateinischen und einen griechischen, von denen ich noch nie etwas gesehen hatte. Doch er sagte, es sei ganz leicht, und wenn ich das Abitur bestehen sollte, dann ließe mich der Herrgott schon nicht im Stich.

In diesem Jahr war Oehlenschläger Rektor, und als ich ihm mein Aufsatzheft und den Taufschein überreichte, drückte er mir freundlich die Hand und wünschte mir alles Gute, wobei er mir seine Freude darüber bezeugte, daß ich es nun soweit gebracht hätte. – Am ersten Tag der schriftlichen Prüfung war ich so unruhig, daß mich beim Eintreten zum ersten Mal in meinem Leben heftiges Nasenbluten überkam. Ich wurde mit zwei anderen an einen Tisch gesetzt, der eine hieß Baggesen, der zweite war Arnesen, dessen Vaudeville *Die Intrige am Vergnügungstheater* just in diesen Tagen aufgeführt wurde. Er hatte es in der Schule gedichtet. – Beide waren sie guter Dinge, mir war zumute wie am Jüngsten Tag, und ich flehte den lieben Gott um Hilfe beim lateinischen Aufsatz an. Mehrere bekamen »Ungenügend«, einige fielen durch; deshalb war meine Freude groß, als ich hörte, daß ich nur zwei kleine Fehler hatte und »recht gut« bekam. (Besser konnte die Zensur nicht werden, denn es war ein ziemliches Dänisch-Latein).

In Mathematik hoffte ich zu glänzen, doch als ich gegen Ende der Zeit entdeckte, daß ich die Aufgabe verkehrt gelesen und ganz falsch behandelt hatte, erschrak ich so sehr, daß ich im ersten Moment keinen Gedanken fassen konnte. Dann aber erholte ich mich, bekam die Sache in den

Griff und schrieb los. Gerade als ich mich dem Abschluß näherte, hörte ich die Glocke zum Aufbruch läuten, was auf mich eine so heftige Wirkung hatte, daß ich beim letzten Schlag ohnmächtig auf die Bank fiel, vor lauter Angst, daß man mir sogleich das Unvollendete wegnehmen könnte, und dann hätte ich eine Null bekommen. Man half mir zurecht, und einer goß mir in seinem Eifer eine Flasche Eau de Cologne über das Gesicht. Davon bekam ich so rote Augen, daß ich auf meinem Heimweg in Oehlenschlägers Haus gerufen wurde, wo sich gerade Wulffs aufhielten, denn man vermutete, ich sei durchs Examen gefallen.

Es ging jedoch gut, auch im Mündlichen, wo ich nur in Latein Pech hatte und »Ungenügend« bekam. Dagegen erhoffte ich mir von meinem dänischen Aufsatz besonders viel, auch die anderen prophezeiten mir ein »Vorzüglich« – aber die schlimme Orthographie! Der Professor sagte, mein Aufsatz habe ein »Recht gut« erhalten; das verblüffte mich, und als ich nach Hause kam, glaubte ich, das müsse ein Irrtum sein, ging deshalb zurück, nannte meinen Namen – aber es war nur »Recht gut«.

In Mathematik prüfte mich von Schmidten, der mich von Ørsteds her kannte, ein sehr scheuer, schüchterner Mann, jedoch herzensgut und ein selten brillanter Kopf. – Wir waren beide verlegen, und weil er mir Mut machen wollte, fragte er mich als erstes ganz leise: »Was werden Sie denn schreiben, wenn das Examen vorbei ist? Dann betreten Sie recht Ihre Bahn!« – Ich faßte ein bißchen Mut und antwortete: »O Gott, fangen Sie doch bitte mit dem Examinieren an, damit ich bald fertig bin! Ich habe solche Angst.« – Nun ging es los; das Auditorium lachte, obwohl ich ganz richtige Antworten gab, doch der Grund dafür war, daß ich so wild mit der Schreibfeder gestikulierte und das Gesicht des Professors mit Tinte überspritzte; der aber wollte in seiner Gutmütigkeit nichts sagen, sondern wischte sich ganz ruhig die Spritzer ab.

Endlich war das Examen vorüber! Ich bekam »Recht gut« als Hauptzensur, war glücklich, weil ich nun Student war, und meine Gönner und Freunde nahmen herzlich daran Anteil. Jetzt durfte ich wohl dichten, und ich stürzte mich auf die *Fußreise*!

V

Nun wurde in der »Fliegenden Post« das erste Gedicht mit meinem Namen abgedruckt, *Der Reimteufel*; kurz darauf erschienen Proben der *Fußreise* und erregten große Aufmerksamkeit. Die erste Auflage umfaßte nur 500 Exemplare, und ich hatte fast genauso viele Subskribenten. Bevor diese zeichneten, hatte ich Reitzel das Manuskript für 100 Reichstaler angeboten, doch weil ich jung und unbekannt war, wollte er mir nur 70 Reichstaler zahlen. Heiberg riet mir nun, das Werk selbst zu verlegen, und damit gewann ich bedeutend; das Buch hatte großen Erfolg, die erste Auflage war in wenigen Tagen ausverkauft, und jetzt bot mir Reitzel 100 Reichstaler an, um eine zweite Auflage davon zu drukken. – In diesem kleinen Buch konnten sich Phantasie und Humor frei tummeln, und ich gewann ein großes Publikum. Doch einige Leute waren verärgert, weil die Menge mir eine solche Beachtung schenkte, und stießen sich an den allzu vielen leichten Dingen in meinem Werk. – So kam es, daß sogleich einige Wenige entschieden gegen mich, jedoch viele ganz für mich waren. – In der »Literaturzeitung« erschien eine vorteilhafte Rezension, und in der »Monatsschrift« schrieb Heiberg eine Art Einleitung, oder richtiger, er machte den Leuten jenen Standpunkt klar, von dem aus diese humoristische Arbeit zu betrachten ist.– Guldberg in Odense schrieb mir einen Brief voller Begeisterung und Freude über mein erfolgreiches Auftreten, alle meine Freunde gratulierten, und viele, die bis dahin kaum Notiz von mir genommen hatten, wollten sich jetzt mit mir unterhalten, kurz: Alles um mich herum zog Sonntagskleider an. – Oehlenschläger dagegen begegnete mir etwas ernster, warf mir meinen Hang zur Persiflage vor und wies auf mehrere Fehler hin. Diese Äußerung, die im Gegensatz zur Meinung der anderen stand, stieß mich schon etwas von ihm ab, denn ich schwamm in einem Meer von gewiß unschuldiger Freude. – Professor Hauch war einer der wenigen, die mein Buch sehr boshaft beurteilten, ja, er sprach mir sogar jegliches Talent ab. Ich hatte vor ihm nicht dieselbe Achtung wie vor Oehlenschläger und wurde deshalb wütend, und da mir sein kurz zuvor erschienener *Don Juan* mißfiel und viele Leute mich aufwiegelten, erlaubte ich mir in der neuen Auflage der *Fußreise* ein paar kleine Ausfälle gegen ihn – was ich besser hätte bleiben lassen, aber so sprach das junge, brausende Blut, der beleidigte Dichter.

Durch die Herausgabe dieses kleinen Buches kam ich erstmals in eine Art Berührung mit meinem getreuen Edvard Collin, zuvor hatte ich ihn, wie schon gesagt, als sehr kalt und abstoßend empfunden; jetzt kam er mir entgegen, half mir sehr viel mit Korrekturen und Arrangement, vor allem im Pekuniären. Er erwies mir Dienste, doch ich konnte noch nicht mehr als Verbindlichkeit für ihn empfinden. (Er hatte auch in der letzten Zeit vor dem Examen lateinischen Aufsatz mit mir geübt, was ich jedoch als eine Bloßstellung meiner Unwissenheit empfand, und bei einem Charakter wie dem meinen konnte das nicht zur Vertrautheit führen.) Jetzt also begann ich Zutrauen zu ihm zu fassen, aber ich dachte nicht im Traum daran, daß daraus eine Freundschaft erwachsen sollte; dafür, fand ich, waren wir viel zu verschieden.

Dieser Erfolg meiner ersten literarischen Arbeit ließ mich kühner werden, ich betrachtete nun alles von einer lustigen Seite, wollte am liebsten jeden Kummer und jede Grille parodieren, und viele in meiner Umgebung klatschten mir

Beifall. Als ich nun eine meiner alten Tragödien, *Die Waldkapelle*, wieder las, erschien sie mir wie eine wahre Parodie, das Ganze bewegte sich lustig hinter meiner Stirn, und so kam mir die Idee zu dem heroischen Vaudeville *Liebe auf dem Nikolai-Turm oder Was sagt das Parkett?* Ich schrieb es in gereimten Versen, in einer Zeit von etwa acht Tagen – es war ein übermütiger Spaß und nicht ohne Originalität. – Dann reichte ich mein Stück beim Theater ein, weil ich aber die Heldin darin auf komische Art eine Replik aus *Axel und Valborg* gebrauchen ließ, wurde Rahbek wütend und wollte es nicht annehmen. Olsen, der mir viel Interesse entgegenbrachte, fand Gefallen an dem sehr Putzigen und den, wie er sagte, »ganz vorzüglichen Versen« und gab seinen Beifall. Auch Collin hielt das Stück für annehmbar, und nun sollte es also auf die Bühne kommen. Ich war selig! Daß in eben jenem Theater, wo ich selbst einige Jahre früher arm und verlassen vor der Tür gestanden hatte, ein Stück von mir aufgeführt werden sollte, das rührte mich wirklich.

Indessen lernte ich für mein Philologicum und Philosophicum, und ursprünglich hatte ich vor, beide Examen auf einmal im Oktober (ein Jahr nach dem Abitur) zu erledigen. Dann aber bekam ich Lust auf einen kleinen Ausflug nach Odense, traute mir wohl auch ein bißchen viel zu und beschloß daher, schon jetzt im April, nach einmonatiger Vorbereitung, zum ersten Teil anzutreten – dann wäre das geschafft. Mit Latein ging es recht gut, abgesehen davon, daß ich dem Examinator auf dänisch antwortete; dagegen hatte ich in Hebräisch Pech und bekam ein »Ungenügend«. Da erschrak ich und wollte nun doch bei meiner ersten Entscheidung bleiben, beide Examen gleichzeitig im Oktober abzulegen und dann nicht Hebräisch, sondern Naturgeschichte zu wählen. Wenn ich dabei insgesamt gut abschneiden könnte, dann wäre das eigentlich keine Verschiebung, dachte ich. Indessen machte mir das schon erworbene »Ungenügend« recht viel Kummer. Während einer Probe zu meinem Vaudeville, der ich beiwohnte, flocht der Schauspieler Dr. Ryge gegen Ende einen Bericht über mein »Ungenügend« ein, jedoch mit dem FALSCHEN Zusatz, daß ich durchgefallen sei, was gar nicht der Fall war. Ich saß im Parkett und hörte zu, und mein damals allzu mimosenhaftes Gefühl wurde auf das empfindlichste verletzt.

Das Stück wurde im April 1829 aufgeführt, das Theater war brechend voll, und all die jungen Leute, die mit mir zusammen Abitur gemacht hatten, nahmen am Schicksal meines Werks Anteil, denn ich war ja ihr Kamerad. Sie klatschten, daß fast das Haus einstürzte, ja, gegen Ende der Aufführung riefen einige Stimmen sogar: »Es lebe der Autor!« – Doch es gab einige wenige, die feindseliger reagierten, die an meinem Übermut und an den, weiß Gott, unschuldig zitierten Worten aus Oehlenschlägers Stücken Anstoß nahmen. Mit klopfendem Herzen und Tränen in den Augen saß ich in einem Winkel hinter den Kulissen, hörte den wilden Jubel, vernahm dazwischen aber auch zwei Pfeifen, und dies trieb mich sofort aus dem Haus und auf die Straße. – Ich lief zu Wulffs, die bald darauf aus dem Theater kamen, mir zum Erfolg des Stückes gratulierten und die beiden Pfeifen für gar nichts rechneten.

Mehrere Leute glaubten bei mir einige Opposition gegen Oehlenschläger zu entdecken, und das fand Nachplapperer, obgleich ich Oehlenschläger wirklich liebte und ihn als Dichter bewunderte. Doch wenn ich eine Idee bekam, die mir komisch zu sein schien, dann setzte ich mich über andere Rücksichten hinweg, denn damals glaubte ich wirklich, es sei erlaubt, etwas Vortreffliches zu parodieren oder etwas wahrhaft Rührendes im Spaße wiederzuverwenden, ohne deshalb gleich ein schlechtes Herz zu haben. – Einen weiteren Fehler machte ich aus Bewunderung für Madame Wexschall, indem ich sie als Heldin meines Stückes wünschte. Sie, die sonst die erste Rolle in der Tragödie spielte, sollte sich nun selber parodieren, und das war eine schwierige Aufgabe. Sie griff daneben, gab die Rolle allzu simpel und erregte damit bei vielen Unmut. Dies verschaffte mir auch Feinde unter ihren Bewunderern und trug, wenn ich nicht irre, viel dazu bei, daß Professor David kurz darauf eine strenge Kritik des Stücks in der »Monatsschrift für Literatur« abgab. Sie spielte die Rolle auch nur dieses eine Mal und wurde dann von Jungfer Wulff (heute Frau Holstein) abgelöst; es gab volles Haus und – geteilte Meinungen. Die letzte Woche der Saison war angebrochen, das Stück konnte sich also nicht lohnen, wurde jedoch noch einmal aufgeführt und gewann nun ungeteilten Beifall – da war kein Zischen, sondern einstimmiger Beifall, beim dritten Mal. – Insgesamt war das Stück nur ein Capriccio, die Ausgeburt einer jugendlich-lustigen Laune, der viele zuviel Beifall spendeten, die andere viel zu streng und gering einschätzten. – Vor allem Oehlenschläger geriet in Zorn, was mich betrübte. – Indessen war für mich Frühling, und weil ich mich danach sehnte, erlaubte ich mir einen kleinen Ausflug.

VI

Bisher hatte ich weder auf Fünen noch auf Seeland recht einen Ort gesehen und kannte die Inseln überhaupt nicht. Molbechs Reisebeschreibung weckte in mir große Erwartungen von der Insel Møn, und so machte ich mich mit dem Dampfschiff dorthin auf. Die Fahrt sollte insgesamt nur einen halben Tag dauern, weil aber Sturm aufkam, mußten wir die Nacht auf See bleiben. Darunter litt ich sehr und war übermüde, als wir am nächsten Tag endlich Møn erreichten. – Molbechs allzu übertriebene, ausmalende Beschreibung geriet mir nun zu großem Schaden, ich hatte mir so vieles vorgestellt – und jetzt war ich vom Steilufer kaum beeindruckt, und nur der »Königinnenstuhl« erschien mir von passabler Höhe. Erst am Abend, als der Mond auf das vollkommen ruhige Meer schien und ich ganz fern wie einen Nebel die weißen Kreidefelsen von Arkona sah, war ich begeistert und empfand, daß es hier schön war. – Auf der Heimreise besuchte ich eine Schwester von Fräulein Tønder Lund, die mit einem Pfarrer verheiratet war. Begegnete dem König, der auf die Insel kam, und sah mir die ländlichen Feste an, die aus diesem Anlaß veranstaltet wurden. Dann spazierte ich zu Fuß nach Vordingborg, war in König Valdemars Turm, lief am Strand entlang und tummelte mich in der schönen Umgebung. Anschließend fuhr ich über Næstved nach Slagelse, wo ich seit meiner Schulzeit nicht mehr gewesen war, und fühlte mich ordentlich ein bißchen stolz, daß ich es schon soweit gebracht hatte.

In Odense, wohin ich dann kam, wollte mir einer mehr Freude als der andere bezeigen. Meine alte Mutter war vor Freude außer sich, und ich hatte nur den einen Wunsch, daß doch meine alte Großmutter noch am Leben gewesen wäre, um all dieses Gute, all dieses Glück zu sehen und zu hören!

Nur acht oder vierzehn Tage blieb ich hier, länger konnte ich meine Studien nicht versäumen, und Kammerrat Bang hatte mich zu Besuch nach Nørager auf Seeland eingeladen. Das Gut lag in der Nähe von Tissø, in einer schönen Gegend, die Menschen waren liebenswürdig, auch mit Collins Söhnen traf ich hier zusammen. Das ganze Haus war voll von munteren Leuten, und ich verlebte ein paar recht erquickliche Tage, unternahm auch mehrere Wanderungen nach Sæby zum alten Pfarrer Lassen, den ich von meinem Aufenthalt in Slagelse kannte. Er war ein junger Student gewesen, als Struensee und Brandt hingerichtet wurden, wußte vieles zu erzählen, und in seinem Pfarrhaus, wo in der guten Stube alte Familienporträts und Kupfer hingen, war es sehr gemütlich. Lassen hörte sich einige meiner Gedichte an und sagte mir mit prophetischem Ernst die Erfüllung manch eines stolzen Traums voraus. – Damals glaubte ich noch alles, was die Leute sagten, und hatte noch nie an einem

Kummer getragen; wenn sich so eine schwarze Fliege bei mir niederließ, dann flog sie gleich wieder davon. – Ich war so reich an Munterkeit und war oft sogar mutwillig!

Ende August kehrte ich nach Kopenhagen zurück. Jetzt mußte gelernt werden, denn ich wollte unbedingt die beste Zensur erreichen. Ich schrieb mich bei Thorlacius ein, wollte am ersten Tag des Monats zum Philologicum und am letzten zum Philosophicum antreten und war recht guten Muts. Dann aber starb Thorlacius, und Oehlenschläger trat an seine Stelle, was zu einigen Verwirrungen führte, und zu meinem Entsetzen sah ich, daß ich für beide Teile des Examens an den zwei ersten Tagen des Monats eingetragen war. Das konnte ich unmöglich schaffen, und deshalb sah ich mich gezwungen, zu Oehlenschläger zu gehen und ihm zu sagen, da sei ein Fehler unterlaufen und ich wolle und müsse so geprüft werden, wie ich zuerst gesagt hatte. – Darauf reagierte er sehr heftig und entgegnete, er wisse nicht, wieso er etwas für mich tun solle, wo ich ihm in meinem Vaudeville so übel mitgespielt hätte. Ich konnte nicht antworten, fühlte mich jedoch noch stärker von ihm abgestoßen und sah voraus, daß ich nun, wo ich zwischen den Prüfungen keine Zeit zum Lernen hatte, gar nicht erst antreten durfte. – Mutlos ging ich davon, doch am nächsten Tag hatten seine gute Natur und sein kindliches Herz gesiegt, er ließ mir durch Collins und Ørsteds ausrichten, ich würde geprüft, wann ich es wünschte.

Mit dem Philologicum ging es auch sehr gut, dadurch wurde ich ermutigt, und als das Philosophicum kam, errang ich in jeder Wissenschaft, in der ich geprüft wurde, die höchste Note, so daß meine Critici nichts sagen konnten! Ich hatte mich ehrenvoll behauptet mit der »besten Zensur«. – Alle Collins und Wulffs nahmen herzlich Anteil an meinem Glück; mit Edvard wurde ich ein wenig vertrauter, ich mußte ihm wegen seines Verstandes, seiner Kenntnisse und seines praktischen Geschicks Achtung zollen, und er half mir, wo er nur konnte.

Als ich in Hinblick auf meine Zukunft – welches Fach ich studieren oder ob ich meiner natürlichen Anlage folgen und es wagen sollte, mich allein den Dichterschwingen anzuvertrauen – mit Vater Collin sprach, sagte er: »Gehen Sie nun in Gottes Namen jenen Weg, für den Sie gewiß geschaffen sind, das wird sicherlich am besten sein!« Das war auch die Stimme meines Herzens, und ich war doppelt glücklich, daß er dasselbe sagte, und nun hatte ich einen festen Entschluß.

VII

Indessen wechselte meine Wirtin die Wohnung, und so trennte ich mich von ihr und zog zu einer Witwe aus ihrer Bekanntschaft, Frau Schrøder, die mit ihrer alten Mutter (einer Schwedin) in der Großen Kongens Gade wohnte. Das kleine Zimmer, das ich hier bekam, war im Verhältnis zu meinem vorherigen recht groß, hatte ein hübsche Tapete, ganz himmelblau mit Sternen, und in meinem Bett hatte der bekannte ... geschlafen, als er während seines Aufenthalts in Kopenhagen bei Frau Schrøder wohnte. Sie und ihre Mutter waren ganz vortreffliche Menschen, die sich bei jeder Gelegenheit bemühten, mir Dienste und kleine Aufmerksamkeiten zu erweisen, und stets davon sprachen, wie ungern sie mich verlieren würden – was zur Folge hatte, daß ich wirklich nicht kündigen konnte, obwohl ich beinah zu eingeschränkt wohnte.

Gegen Ende des Jahres 1829 gab ich einen Band *Gedichte* heraus, von denen die meisten humoristisch waren. Molbech schrieb dazu in der »Monatsschrift für Literatur« eine überaus lobende Rezension, die mich recht freute und doppelt aufmunterte, weil sie in eben jenen Tagen erschien, da uns Professor Hauch seinen *Turmbau zu Babylon* geliefert hatte. Darin trug er heftige Angriffe gegen die Vaudevilles und Heiberg vor und übergoß mich mit beißendem Spott, ja, er versuchte sogar, bei mir eine Art Dummheit und das Fehlen jeglicher Poesie anzudeuten – die *Fußreise* wurde ein »Irrenhausgebäude« genannt und ich selbst als Pierrot personifiziert. – Ich wurde sogleich etwas heftig und revanchierte mich mit einer Replik in der »Fliegenden Post«, deren Schluß so ganz das Gefühl meines Herzens aussprach.

Soll ich im Vergessen enden,
Bin ich, wie du glaubst, ein Wicht,
Warum willst du Zeit verschwenden,
Für ein solches kleines Licht?
Das tut keinem Baume Schaden,
Stiehlt sich bald aus dieser Welt;
Hab ich aber Geistesgaben,
Schlägst du mich nicht aus dem Feld!

Streit will ich nicht mit dir haben,
Bist du doch ein ältrer Mann;
Aber gegen Himmelsgaben
Kommt kein Babel-Wasser an.
Deshalb wird es dir nicht glücken,
Aufzuhalten meinen Lauf;
Willst die Flamm' du unterdrücken,
Lodert sie nur doppelt auf!

Hauch hatte seinen Zorn über mich ausgeschüttet und, wie er glaubte, mich als Angreifer Oehlenschlägers angegriffen. Darauf hatte ich nun geantwortet, und meine Wut war verraucht. Später hat uns der Zufall zusammengeführt, und weil er da sanft und freundlich war und sein Angriff auch keine große Wirkung auf das Urteil der Leute hatte, habe ich auch nichts mehr gegen ihn. – So wird die Zeit jede entstandene Abneigung überwinden.

Einen anderen, jedoch eher privaten Antagonisten fand ich in dem Lizentiaten Hald, mit dem ich jeden Freitag bei Ørsteds zusammentraf. Er hatte für mich eine Art von Interesse, doch sein Hofmeistern und seine oftmals verdrehten Ansichten ließen uns so manches Mal etwas uneins werden. – Er hatte ebenfalls die Schriftstellerlaufbahn eingeschlagen, hatte zwei Vaudevilles geschrieben, die dann in Vergessenheit gerieten, und trat nun mehr und mehr als Rezensent in Erscheinung. Gegen mein Vaudeville hatte er sehr vieles einzuwenden und fand das Lustige darin zu ausgelassen, ja, er sprach mir alle Kindlichkeit des Herzens ab, und gerade davon hatte ich damals, als ich die freiesten Persiflagen schrieb, gewiß am allermeisten. – Dennoch war gerade sein Widerspruch für meine Selbständigkeit von guter Wirkung. Er billigte mir stets etwas zu, obgleich er jede Arbeit, um mich recht auf die Schattenseite hinzuweisen, zerriß und zerrupfte und mir das von Angesicht zu Angesicht sagte – freilich hörten das oft furchtbar viele Leute.

Zu dieser Zeit machte ich eine Bekanntschaft, die auf meine Dichtung einigen Einfluß haben sollte. Ich lernte Frau Læssøe kennen (eine Tochter von Abrahamson, dem Verfasser des witzigen Liedes »Mein Sohn, willst du in der Welt voran, dann bück dich!«). Sie war eine Frau von viel Geist und tiefem Gefühl und hatte außerdem einen ausgeprägten Sinn für das Komische. Mein kindliches Wesen, das sich noch gar nicht verändert hatte, gefiel ihr ebenso wie ihrem Mann, und bald fühlte ich mich bei ihnen heimisch. Viele Leute hatten mich gelobt und aufgemuntert, weil ich Talent besaß; hier aber merkte ich, daß es recht geachtet, daß etwas Herrliches darin gesehen wurde, und dies rief wieder dieselben Gefühle in mir wach, mit der Wirkung, daß ich die Poesie liebgewann, die ich besaß und vorerst nur deshalb schätzte, weil sie mir Spaß machte. – Bei Læssøes wurde ich so manchen Abend ganz zum Kind und gerade deshalb natürlich, weil ich mich ungeniert fühlte; ich wußte, daß beim Abwägen meiner Fehler und jener Äußerungen, die mir oft aus dem Mund rutschten, dort stets dem Guten das Übergewicht gegeben wurde. Während andere daran arbeiteten, einen Weltmenschen aus mir zu machen, feierten sie gerade mein wunderliches, kindliches Wesen.

So verging der Winter. Familie Collin war mir mehr und mehr zugeneigt. Edvard besaß mein Vertrauen, und ich betrachtete ihn schon als Freund, als meinen klugen, vernünftigen Freund, dem ich dennoch nicht ganz mein Herz zu öffnen und alles zu sagen wagte – das heißt, ich mußte erst überlegen, ob es auch vernünftig war, denn Geheimnisse hatte ich überhaupt keine, und am wenigsten solche des Herzens.

VIII

Jener Roman, den ich während der Schule in Slagelse begonnen hatte, gewann für mich jetzt ein neues Interesse. Ich trug in den Bibliotheken einiges an historischen Hilfsquellen zusammen, hatte aber doch recht das Gefühl, daß ich die Gegenden kennen müßte, in denen sich die Ereignisse abgespielt hatten. Nun besaß ich auf der Sparkasse um die 400 Reichstaler, die ich mit meinen Arbeiten verdient hatte, und so beschloß ich, in diesem Frühjahr und Sommer Jütland und Fünen zu bereisen. Vater Collin billigte meinen Plan und gab mir Empfehlungsschreiben an Beamte der jeweiligen Städte mit, damit ich mich nicht so ganz fremd fühlen sollte. Ich freute mich sehr auf diese Reise, wollte so gern die jütischen Heiden sehen und dort den Zigeunern begegnen, deren Leben uns Steen Steensen Blicher so charakteristisch in seinen Novellen geschildert hat. – Obwohl ich Fieber hatte, wagte ich mich Ende April auf das Dampfschiff »Dania« und eilte, ohne es zu wissen oder davon zu träumen, einer Katastrophe meines Lebens entgegen, die mehr als jedes andere Ereignis mein ganzes geistiges Ich, mein Wesen als Dichter, meine gesamte Lebensanschauung vollkommen verändert hat.

Als wir an Bord gingen, war das Wetter schön, bis Helsingør war es eine wahre Vergnügungsreise, dann aber frischte der Wind auf und wurde fast zum Sturm, und so verbrachten wir zwei Nächte und Tage im Kattegat, während die Seen über das Schiff schlugen und ich jeden Augenblick glaubte: Jetzt ist alles vorbei. – In Aarhus hatte ich sogleich Besuch von Elmquist und Guldberg, man bewies mir jede erdenkliche Aufmerksamkeit, und überall traf ich Freunde, vor allem der *Fußreise*, die weit herumgekommen zu sein schien. So muß ich hier eine charakteristische Episode erzählen, die ich jedoch schon früher hätte berichten sollen.

Die *Fußreise* war auch zur Insel Falster vorgedrungen, wo auf Rifbjerg ein reicher Bauer namens Rasmus Hansen wohnte. Er gehörte zu den »Heiligen« und war durch Lektüre und Studium der Offenbarung des Johannes etwas verwirrt. Er hatte nun die *Fußreise* gelesen und hielt ihren Autor für einen Weisen, der ihn, was das Verborgene betraf, in vielem unterrichten könnte. Ich hatte in dem Buch geschrieben, daß ich morgens zwischen acht und neun zu Hause sei, und da könnte man sich über dieses und jenes Auskunft geben lassen. – Eines Tages, als ich zu Hause in Kopenhagen saß, kam dieser Bauer, der mir vollkommen unbekannt war, in meine Stube, fragte, ob ich »Andersen« sei, und als ich das bejahte, zog er das Buch aus der Tasche und bat mich als erstes, ihm das Schlußkapitel zu erklären. Danach fragte er, wieso ich sagen könnte: »Der Teufel hatte mich zum Schreiben verleitet«, während ich an einer anderen Stelle seine Existenz bestritt. – Ich hielt ihn im ersten Augenblick für einen meiner Bekannten, der sich verkleidet hatte, und sagte das auch. Doch der Mann fuhr ganz ernsthaft fort und wollte von mir viele wunderliche Dinge wissen, und als er mich schließlich fragte, ob ich der Antichrist sei, bekam ich einen großen Schreck. Jetzt erkannte ich, daß es ein Wahnsinniger und Schwärmer war, vielleicht zu allem möglichen imstande, und weil ich meine *Fußreise* nun doch nicht mit dem Leben bezahlen wollte, rief ich meine Wirtin und das Dienstmädchen herbei und versuchte, ihn mit diesen Hilfstruppen vor die Tür zu setzen. Dabei erklärte ich ihm, das Buch sei zwar von mir »herausgegeben«, jedoch von einem ganz anderen geschrieben, und da dieser jetzt auf dem Lande sei, habe Etatsrat Collin den Auftrag, sämtliche Auskünfte zu erteilen. Als der Bauer nach seiner Wohnung fragte, beschrieb ich sie ihm. – Er traf Collin jedoch nicht an, und deshalb glaubten mehrere Leute, das Ganze habe sich jemand ausgedacht, um seinen Spaß mit mir zu treiben. Doch drei Wochen später brachte die Post wirklich einen Brief von Falster, der an Collin adressiert war, und darin berichtete der gute Mann, Rasmus Hansen, er habe sich vergebens in die Hauptstadt bemüht, um dort mit dem klugen Mann zu sprechen, und dann verlangte er Auskünfte »über das Tausendjährige Reich, die Ankunft des Antichristen etc. etc.« – Nun begegnete ich auf meinem Sommerausflug mehreren Leuten in Jütland, die diesen Bauern kannten, und Vedel Simonsen erzählte mir, daß er einen ähnlichen Brief von ihm besitze – es war ganz derselbe Geist, dieselbe Hand.

Mein Fieber hatte sich während der Seereise zwar völlig gelegt, hatte bei mir jedoch eine große Erschöpfung zurückgelassen. Aber die Lust, die jütischen Heiden und die stolze Nordsee zu sehen, trieb mich vorwärts. Elmquist stellte mir seinen Wagen bis Randers zur Verfügung, überall mußte ich der jütischen Gastlichkeit und Freundlichkeit Anerkennung zollen. Mit dem Maler Rørbye fuhr ich nach Viborg und durchquerte dabei die Heide, die mir ganz romantisch schön erschien: die riesige schwarze Weite, die vereinzelten Hügel, auf denen grüne Büsche standen und gewöhnlich Kinder ein paar Schafe hüteten; dann wieder die große Nacktheit, wo der rote Ortstein hervorschimmerte oder wo die Erde von einer Indigo-Bläue war, die sie von weitem wie ein Veilchenbeet aussehen ließ.

Ich besuchte einen alten Herrenhof, der sich mit seinem grünen Garten wie eine Oase in der Wüste erhob. Während ein heftiger Platzregen niederging, näherte ich mich der Stadt Viborg und begegnete in einem Hohlweg einer wandernden Zigeunerfamilie. Die Frau trug einen Säugling auf dem Rücken und führte ein Kind an der Hand, der Mann hatte ihre Habseligkeiten auf der Schulter; sie grüßten freundlich und zogen weiter, denn da war kein Ort, wo sie sich unterstellen konnten. Als mein Fuhrknecht mir sagte, was das für Leute seien, war ich ganz glücklich – die Zigeuner sind ein wahrhaft poetisches Volk in unserem Dänemark, sie haben ihre eigene Sprache, ihre eigenen Bräuche, führen ein Nomadenleben und heiraten untereinander, mit ihren eigenen Zeremonien, ohne Einmischung der Geistlichkeit.

Zusammen mit Landrat Schønheyder besuchte ich Asmildkloster, war auf dem alten Gutshof Hald, der an einem See in einer echt romantischen Gegend liegt: ringsum hohe, schwarze Heidekrauthügel, hier ein Wald von verkrüppelten Eichen, deren Stämme mit ihrem weißen Moos fast über den Boden kriechen, und in weiter Ferne Moore in blauweißem Nebeldunst, der sich wie der Rauch von einem Heidebrand erhebt.

Ich fühlte mich ansonsten gar nicht wohl, alle rieten mir davon ab, in dieser Verfassung an die Nordsee zu fahren, und da mein Befinden immer schlechter wurde, mußte ich die sehnlichst gewünschte Reise aufgeben und mich mit der Beschreibung jener zufriedengeben, die dort gewesen waren, aber das ließ mich den Schmerz erst recht empfinden. Doch machte ich mir eine recht lebendige Vorstellung, und der verdanken mehrere Gedichte in *Phantasien und Skizzen* ihr Dasein.

An Stelle der Nordsee erlebte ich nun die Truppenparade bei Aarhus. – Hier sah ich zum letzten Mal den alten Bischof Bloch, den ich in Viborg kennengelernt hatte. Er war sehr zerstreut, und zum Abschied bekam ich von ihm einen Brief, in dem er mich »Ihre Majestät« titulierte, ein Schreibfehler, der dadurch entstanden war, daß er unentwegt an den König dachte, dem er seine Aufwartung machen sollte.

Ich hielt mich nun einige Tage in Skanderborg auf und fuhr täglich Boot auf jenem See, auf dem Christian IV. die Anfangsgründe der Seemannskunst erlernt hatte. Dann reiste ich über Vejle nach Kolding und machte mich mit dieser Gegend, in die ich die Szenen meines Romans verlegen wollte, recht vertraut, hörte mir mehrere Volkssagen an und erfuhr manch eigentümliche Episode. – Da jetzt auch der Sommer seine Wirkung tat, fühlte ich mich wieder wohl. Die Witwe Iversen, die mich, wie ihre ganze Familie, sehr mochte, hatte mich eingeladen, den Sommer auf ihrem schönen Landsitz Tolderlund zu verbringen, und dorthin begab ich mich nun. – Tolderlund hatte für mich ein doppeltes Interesse, denn es lag ganz in der Nähe von Næsbyhovedbakke, eben jenem Ort, dessen Burg den Schauplatz für den Helden meines Romans darstellen sollte, und dort konnte ich mich jetzt täglich tummeln und an meiner Geschichte dichten. – Umgeben von einem heiteren, liebenswürdigen Kreis, von einem Dutzend munterer junger Mädchen, nicht weit von Odense, dessen Kanal mit den Schiffen dicht an unserem Garten vorbeiführte, mußte ich ja recht zum Dichten aufgelegt sein. Ich war ganz erfüllt von jugendlicher Laune, von heiterer Zufriedenheit und Sorglosigkeit und erlebte hier einige schöne Wochen meines Lebens. – Von den Gutshöfen der Umgebung holte man mich zu mehrtägigen Besuchen ab, und lebensfroh, auf unverbrannten Flügeln, umflatterte ich das Freudenfeuer.

Nun wollte ich auch alle Städte auf Fünen besuchen, denn ich hatte vor, in meinem Roman die Grafenfehde zu schildern, und da mußte ich recht vertraut mit dieser Insel sein. – Ich hatte Empfehlungsschreiben für jede Stadt, nur für eine nicht. Doch hier kannte ich einen Studenten, der mit mir zusammen zum Examen angetreten war, den ich hin und wieder besuchte und den ich wegen seiner Gutmütigkeit mochte. Er wußte, daß ich mich auf Fünen aufhielt, sein Vater war einer der reichsten Männer der Stadt, und bei ihm würde meine Visite willkommen sein. Kurz bevor ich mich aufmachte, hörte ich von einer jungen Dame aus Jütland, die dort zu Besuch gewesen war, ein großes Lob auf die Leute dieser Stadt. Damit trieb ich nun zusammen mit den jungen Mädchen bei Iversens meinen Spott und machte auch im Spaß Schmähverse auf die unschuldige Stadt, die ich nur flüchtig durchflattern wollte, und ließ mir nicht im geringsten träumen, welch ein Interesse sie für mich und mein ganzes Leben bekommen sollte.

Bei meiner Abreise gab es etwas recht Komisches. Da das Postwesen keine Reisewagen schickte, mußte man mit Frachtfuhrleuten fahren, und ich bezahlte dafür viel Geld. Doch als ich aufbrechen wollte, wurde mir gesagt, daß wegen des Postwesens niemand mit diesem Wagen die Stadt verlassen dürfe, man solle ein Stück außerhalb einsteigen. – Also war das Mitfahren nicht gestattet, was mir sehr unangenehm war, doch weil meine Sachen nun schon aufgeladen waren, mußte ich mich dareinfinden. Ich ging fast eine Meile und setzte mich dann in einen Graben und wartete. Der Wagen kam, versehen mit einer hochgepackten Ladung, vorn waren zwei Sitze angeklebt, auf denen der Kutscher und eine Madam mit drei Kindern saßen, und hinter diesen saßen noch zwei Damen und ein Herr! – »Aber wo in aller Welt soll ich denn sitzen?« fragte ich. Man wies mir einen Platz auf dem Gipfel des ganzen Aufbaus an, den ich nur mit größter Mühe erklomm; um nicht herunterzufallen, mußte ich mich an den Stricken festklammern, mit denen das Ganze zusammengeschnürt war, und weil es nun heftig staubte, wagte ich mit der anderen Hand einen ausgespannten Regenschirm über mich zu halten. Es war ein prachtvoller Anblick! Die Madam mit den Kindern fand meinen Sitz so wunderbar, daß sie mich um den Gefallen bat, das eine Kind zu übernehmen, worauf sie es ohne weiteres zu mir setzte. Ich konnte die arme Seele doch nicht vom Wagen fallen lassen, mußte deshalb den Regenschirm weglegen und auf der Spitze dieser rollenden Pyramide das Kindermädchen sein.

Ganze acht Tage tummelte ich mich in der schönen Svendborger Gegend und war auch in Thorseng, wo ich dem alten Telegraphenamtverwalter, meinem ersten Schulmeister, begegnete, der sich gar nicht an mich erinnern, geschweige denn mich wiedererkennen konnte. – Doch ich will meine Streifzüge überspringen und zu dem wichtigeren Punkt kommen – der kleinen Provinzstadt, der ich mit allzu ironischem Blick entgegensah und wo ich meinen Bekannten, den Studenten, treffen sollte. Als ich den Postknecht nach der Familie fragte, der ich einen Besuch abstatten wollte, lobte er sie sehr, erzählte von den Schiffen des Vaters auf See, von den vortrefflichen Kindern und von der Großzügigkeit in diesem Haus. – Ich nahm mir ein Zimmer im Gasthaus und schickte noch am selben Abend dem Studenten meine Visitenkarte, denn ich war zu erschöpft, um ihn persönlich aufzusuchen. Er kam auch gleich zu mir und überbrachte mir eine freundliche Einladung seiner Eltern, den nächsten Tag bei ihnen zu verbringen. Länger wollte ich in dieser Stadt nicht bleiben, sondern danach aufbrechen. – Wir trennten uns bald, denn ich war müde, und dann ging ich schlafen, um, was ich am wenigsten für möglich hielt, zu einem neuen und bedeutungsvollen Abschnitt meines Lebens zu erwachen.

Fünfter Abschnitt

I

Am Morgen putzte ich mich heraus und begab mich ziemlich früh zu dem ansehnlichen Hof. Wie ich wußte, war man auf mein Erscheinen recht gespannt, vor allem die älteste Tochter, die etwa zwanzig Jahre alt war und sehr für meine *Fußreise* und die Gedichte schwärmte. Da mein junger Freund noch schlief, wurde ich in die Wohnstube geführt, die sehr fein aussah, mit schönen Kupferstichen, Fortepiano, Musik und Büchern. – Die älteste Tochter war allein im Zimmer, sie schenkte Tee ein und empfing mich mit großer Freundlichkeit, wobei sie, wenn sie mit mir sprach, alle Augenblicke errötete, ansonsten jedoch munter und lebhaft wirkte. Sie hatte ein recht schönes, frommes Gesicht, in dem so viel Kindliches lag, doch aus ihren Augen sprach Klugheit und Nachdenklichkeit, sie waren ganz lebendig und braun. Sie trug ein einfaches graues Morgenkleid, das ihr gut stand; diese ganze Schlichtheit und dazu dieses Gesicht, das eben war es, was mich sogleich für sie einnahm. Daß sie sich für meine Gedichte interessierte, ja, daß sie gar so etwas wie Respekt vor mir zu haben schien, kitzelte meine Eitelkeit und ließ mich irgendwie sogleich auf sie aufmerksam werden. Sie scherzte über die Siebenschläferei ihres Bruders und bewies so viel Geist und Humor, daß ich Lust bekam, mich ebenfalls interessant zu machen. Ich weiß selbst nicht, doch es schien fast unmittelbar so zu sein, als wären wir zwei schon lange miteinander bekannt, und es war mir den ganzen Tag eine große Freude, dem jungen Mädchen gefällig zu sein. – Es kamen noch viele fremde

»Ein Dieb«

Damen, die sehr schön, sehr freundlich waren und mir Komplimente machten, doch sie gefielen mir nicht annähernd so gut wie die eine, und das war ja nur recht und billig, denn sie war die Schönste, die Klügste und hatte so ein kindlich-frommes Gesicht. – Gerade war ein kleineres Schiff ihres Vaters heimgekehrt, er lieh es uns am Nachmittag aus, und wir fuhren über den See zu einem kleinen Wald. Hier schenkten mir die jungen Damen Blumensträuße, SIE flocht einen Kranz aus Eichenlaub und bat ihren Bruder, ihn mir zu überreichen.

Am Abend war ich in einer selten guten Stimmung, ich fühlte mich wirklich ganz aufgeweckt, und Junge und Alte hörten mir mit Lust und Interesse zu. Nie wieder habe ich mich in der Seele so gesund, so reich an Humor gefühlt, und ich bemerkte, wie froh, wie schwesterlich SIE mir zulächelte. Als ich spät abends in den Gasthof zurückkehrte, war ich ganz aufgeräumt. Das Hausmädchen fragte mich, wie mir ihre Stadt gefalle und ob ich denn mit -s Familie einen vergnügten Tag gehabt hätte. Das gab mir Veranlassung, über die Töchter zu sprechen und, ich weiß selbst nicht wieso, die Frage zu stellen: »Mit was für Männern sind sie denn verlobt?« Denn ich dachte, sie wären es gewiß. – Das Mädchen antwortete, verlobt sei noch keine, nur die ÄLTESTE, die sei es in gewisser Weise. »Das ist ein ungewöhnliches Mädchen«, sagte sie, »aber sie hat sich nun mal in den Apothekersohn verliebt, der ist Forsteleve. Die Gärten der Eltern sind benachbart, und sie kennen sich schon von Kindheit an. Er weiß wohl, daß sie Vermögen hat, und deshalb hält er an ihr fest. Ihre Eltern sind immer sehr dagegen gewesen, und das hat die Liebe sicher noch verstärkt. Sie dürfen sich niemals sehen, ihr Vater will das nicht, weil der junge Mann nichts taugt. Gott weiß, was daraus wird! Ich wünschte ihr wirklich, daß sie einen andern guten Mann finden könnte!« – Das arme Mädchen! dachte ich, sie hat also Herzenskummer. – Ich mußte unablässig an sie denken, an sie und an den ganzen Tag, der so lustig dahingeflogen war.

II

Die Familie hatte mich eingeladen, ihr Gast zu sein und sie nicht so bald wieder zu verlassen. Daher wollte ich nun ein paar Tage bleiben, und am nächsten Morgen galt meine erste Visite ihnen. – An den Spazierfahrten, die arrangiert wurden, waren die angesehensten Familien der Stadt beteiligt, und wir bildeten ein Gefolge von etwa neun Wagen. Den Nachmittag verbrachten wir auf einem alten Herrenhof, den eine dieser Familien gepachtet hatte, wir sangen und lachten, ich war sehr aufgeräumt, und es hatte den Anschein, als ob mir besonders die Damen als Dichter huldigten. Doch SIE war für mich am interessantesten, mit IHR beschäftigte ich mich am meisten. Eine dieser Familien hatte mich zusammen mit ihr und ihren Eltern zu einer Abendgesellschaft eingeladen, die mit einem lustigen Ball ihren Abschluß fand. Sie tanzte gerne, wie man mir sagte, und es verdroß mich sehr, daß es mir nicht genauso ging. Auf ihre entsprechende Frage mußte ich antworten, daß ich am liebsten Zuschauer sei. Nun setzte sie sich zu mir und unterhielt sich mit mir, und als sie alle abwies, die sie engagieren wollten, fühlte ich mich geschmeichelt und versuchte, so interessant wie möglich zu erscheinen. Sie war sehr belesen und geistreich und äußerte sich ganz frappant, jedoch in einer fast allzu bescheidenen Weise. Beim Abschied bat sie mich, ihr die Abschrift eines meiner Gedichte zu schenken.

Die Zeit verflog, kaum daß ich es merkte, ich fühlte mich als ein ganz anderes Wesen. Doch als ich daheim darüber reflektieren wollte, stellte sich kein Ergebnis ein, sondern eine seltsame Angst. So wohl ich mich hier auch fühlte, mich überkam doch ein Verlangen, diesen Ort zu verlassen, ich mußte – ich wollte, und bestimmte meine Abreise schon für den Mittag des nächsten Tages. Als ich am folgenden Morgen die Familie von meinem Beschluß unterrichtete, wurde ich recht freundlich gebeten, meinen Aufenthalt zu verlängern, aber in mir war eine seltsame Seelenunruhe, die ich selbst nicht verstand. Da ich nun UNBEDINGT abreisen wollte, bot mir ihr Vater bis zur nächsten Poststation seinen Wagen an und wollte mich mit seinen Söhnen den halben Weg begleiten, bis zu einem Hof, den er selbst an der Landstraße besaß.

Nach dem Mittagsmahl tranken wir im Garten Kaffee; ich fühlte mich nach diesen zweieinhalb Tagen wie zur Familie gehörig, und als ich mit IHR und ihrer Schwester im Garten spazierenging, sagte ich im Spaß: »Ich werde die Liebhaberin meines Romans nach Ihnen benennen, gerade Ihr Name ist so schön und passend.« Sie wurde ganz rot und tat so, als hätte ich einen Scherz gemacht, doch als ich dann ein Gedicht für sie abschreiben sollte, fand ich kein einziges geeignet und war außerstande, zwei neue Zeilen zu dichten. Deshalb schrieb ich sowohl *Avis aux Lectrices* als auch *Graues Wetter* ab und ließ sie selbst auswählen – das andere sollte ihre Schwester haben. Sie entschied sich für das erste und schenkte mir nun ihrerseits einen schönen Blumenstrauß, in den ihre Schwester noch eine eigene Blüte für mich hineinsteckte. – Ich war ganz wehmütig, als ich aufbrechen mußte, und SIE war wie vom Erdboden verschwunden; erst als ich im Wagen saß und davonfuhr, sah ich hinter der Scheibe ihre mildes Gesicht – sie nickte mir Lebewohl zu.

III

Ich kehrte nach Odense zurück, fuhr wieder nach Tolderlund zur Familie Iversen, und in den ersten Tagen lieferte meine Reise Unterhaltung genug. Ich schwärmte herum und schrieb nun eine Menge Gedichte, darunter *Der Herzensdieb* und *Die Spritze*. Was ich von -s Familie und von IHR erzählte, erweckte bei den jungen Mädchen Aufmerksamkeit, und sie begannen mich im Scherz damit zu necken, daß ich nun endlich verliebt sei!

Beim ersten Mal, als ich es hörte, wurde mir am ganzen Körper glühend heiß; obgleich ich es als einen Spaß abtat, konnte ich doch nicht umhin, darüber nachzudenken. Mein ganzes Wesen, die Art und Weise meines Verhaltens in den wenigen Tagen mit ihr zusammen, schien mir nun selbst auffällig zu sein. – Mich überkam Sehnsucht, während die anderen ihre Scherze mit mir trieben; das wurde mir dann zuviel, und ich wollte mir diese Gedanken ganz und gar aus dem Kopf schlagen – ich fand es selbst lächerlich, daß ich, der ich über Liebe und Schwärmerei stets nur gespottet hatte, dem nun selbst verfallen sein sollte. – Außerdem empfand ich immer stärker, daß dies in meiner Stellung, wo ich mit mir selbst und der Sorge für mein Auskommen genug zu tun hatte, eine Torheit wäre. Wohin sollte das Ganze wohl führen?

Auf solche Art gewann ich mein Gleichgewicht zurück, meine gute Laune half mir dabei, und ich behielt nur die Erinnerung an jene angenehmen Tage zusammen mit freundlichen Menschen, von denen SIE mir als die Schönste erschienen war. – Ich war damals in meinem fünfundzwanzigsten Jahr, war wirklich noch nie verliebt gewesen, meine eigene Person hatte mir genug zu denken gegeben, als daß ich noch für einen anderen Menschen Gedanken gehabt hätte. – Es war wirklich noch kein Gedanke an Leidenschaft; ich hatte nur ein angenehmes Gefühl, wenn ich mir die einzelnen Begegnungen mit IHR und unsere Gespräche ins Gedächtnis zurückrief.

Ende August traf ich wieder in Kopenhagen ein. – Schon vor meiner Abreise im Mai hatte ich nach Gozzis *Der Rabe* einen Operntext geschrieben und ihn dem Komponisten

Hartmann anvertraut, den man bei Wulffs als einen äußerst talentierten jungen Mann gelobt hatte. Schon früher hätte ich dieses Sujet gern auf die Bühne gebracht und hatte es Bredal gezeigt, der jedoch nicht den Mut besaß, eine Arbeit von so großem Umfang zu beginnen. – Bei meiner Ankunft war Hartmann bereits ein gutes Stück vorangekommen, was mich lebhaft interessierte. Die Schauspiele begannen nun auch wieder, und ich dachte daran, eine neue Gedichtsammlung herauszugeben – es gab also vieles, was mich beschäftigte.

IHREN Bruder besuchte ich nun fleißiger als zuvor, er hatte mir stets viele Grüße von zu Hause und besonders von IHR auszurichten. Eines Tages erzählte er mir, daß ein junges Mädchen aus der nächsten Bekanntschaft der Familie in die Hauptstadt kommen wolle, um sich an den Augen operieren zu lassen, eine Schwester und SIE sollten sie begleiten. SIE habe so große Sehnsucht nach Kopenhagen und freue sich auch darauf, mit mir sprechen zu können – ich müsse sie beide recht oft besuchen. – Als dann die Patientin mit ihrer etwas angejahrten Schwester erschien, war RIBORG dabei! Ich lief gleich hin, und als ich läutete, kam justament SIE an die Tür, um zu öffnen. Ich weiß selbst nicht, ich stand da wie ein Narr und stammelte etwas: Ob wohl ein Fräulein (ich nannte den Namen der kranken Dame) hier wohne? – Sie wurde ganz rot (wahrscheinlich meinetwegen) und bat mich, ins Zimmer einzutreten, wo ich nur langsam ins rechte Lot kam.

Dieser Besuch wurde nun häufig wiederholt; wenn ich wegging, sehnte ich mich im selben Moment dorthin zurück. Auch bei ihrem Bruder begegnete ich ihr einige Male, und wie er mir sagte, traf sie dort gern mit mir zusammen. – Eines Tages bat sie mich, ihr und der kranken Dame den *Raben* vorzulesen, was ich auch tat. Doch es war ganz sonderbar, wie vieles ich in diesem Stück fand, was mir recht aus dem Herzen gesprochen war; es kam mir vor, als sei jede

Replik für SIE bestimmt. Ich konnte die Augen nicht von ihr abwenden! Als ihr Blick dem meinen begegnete, wurde sie blutrot und sah von da an nicht mehr von ihrem Nähzeug auf. Beim Abschied reichte sie mir zum Dank für meine Lesung die Hand, ich drückte sie an meine Lippen, wobei mir die Brust zu zerspringen drohte.

Jetzt erst wurde mir klar, daß ich sie liebte – daß ich sie liebte mit meinem ganzen Herzen. Über sämtliche Verhältnisse, sämtliche Umstände, Hindernisse und Gott weiß, wie das alles heißt, was sich in dieser Welt zwischen uns wirft, sah ich vollkommen hinweg. Mit ganzer Seele klammerte ich mich an Gott und fühlte, daß ich Kraft und Mut zu allem hatte, nur um sie zu besitzen. – Ich bezweifelte nicht, daß auch sie mich liebte, das deutete mir ihr ganzes Wesen an – wie aber sollte ich Gewißheit finden? Durchströmt von Liebe, schrieb ich mehrere Kleingedichte, darunter *Der Sohn der Wüste*, und verehrte sie ihr als eine Abschrift vom Neuesten, was ich gedichtet hatte. Den beiden anderen Damen schenkte ich ein paar alte, jedoch noch ungedruckte Verse. – Eines Tages faßte ich Mut und überreichte ihr das kleine Gedicht *Fünen*, das sich in *Phantasien und Skizzen* findet, und schrieb darunter die folgenden vier Zeilen, die ich später dem Edgar in *Die Braut von Lammermoor* in den Mund legte:

> Bist mein Gedanke ganz allein geworden,
> Du meines Herzens erste Seligkeit!
> Ich liebe dich, wie niemand hier auf Erden,
> Ich liebe dich in Zeit und Ewigkeit.

Ich hatte dieses Gedicht, mit der Überschrift »Für sie«, auf ein gesondertes Blatt geschrieben, das ich ihr zusammen mit einem zweiten Blatt gab, auf dem ein paar weitere Gedichte standen. Am nächsten Tag erfuhr ich, daß die beiden anderen Damen nichts von den Zeilen auf dem ersten Blatt wußten, SIE hatte ihnen nur die Gedichte auf dem zweiten

Blatt gezeigt. Als wir das nächste Mal zusammentrafen, war sie sehr freundlich, doch auch sehr verlegen, und alles deutete mir an, daß sie wegen meiner Kleingedichte, deren Absicht sie, wie ich fand, wohl verstehen mußte, nicht böse war.

Ich unterhielt mich auch ganz zwanglos mit ein paar jungen Studenten aus ihrer Stadt und berührte beiläufig die Frage, was für ein Mensch denn ihr Verlobter sei. – »Oh«, antworteten sie, »mit dem ist nichts los, wie schade, daß dieses Mädchen ihn haben soll, sie ist ihm in jeder Hinsicht weit überlegen. Aber er hält an ihr fest, weil sie reich ist, und ich glaube fast, er ist für sie nur wegen der vielen Hindernisse interessant, die ihre Eltern der Verlobung in den Weg legen.« – Der Bruder, die Eltern und die Freunde wünschten dieses Verhältnis aufgehoben, ich glaubte wirklich, daß auch sie nun zu dieser Meinung neigte, ich mußte mich einem Menschen anvertrauen, die Stimme der Vernunft war völlig verstummt! Wem von den Fremden hätte ich mich besser nähern können als ihrem Bruder, mit dem ich wirklich auf freundschaftlichem Fuße stand.

IV

Eines Abends traf ich ihn allein zu Hause an. Er war so gütig, war mir so innig zugetan, ja, zollte mir wirklich eine Art Bewunderung als Dichter. Da ich gerade Uhlands Gedichte bei mir hatte, lasen wir einige Stücke davon zusammen. Ich wählte *Dichterliebe*, wodurch wir auf das Kapitel Liebe bei Dichtern kamen, und ehe ich recht davon wußte, hatte ich ihm das Geheimnis meines Herzens anvertraut. Dem folgte eine lange, tiefe Pause, dann drückte er mir die Hand und sagte, er habe es geahnt. Seine Schwester betreffend, teilte er mir mit, er wisse nur, daß sie ein besonderes Interesse und Gefallen an mir habe. – Ich wollte ihn davon überzeugen, daß es mehr sei, und bat ihn, mir zu einem Gespräch mit ihr zu verhelfen und mir Gewißheit zu verschaffen, ob sie den anderen wirklich liebte, denn in solchem Falle würde ich mein Gefühl bekämpfen, entsprechend meiner Pflicht. Ich sei entschlossen, bis zum Staatsexamen zu studieren, alles zu tun, was sie und ihre Eltern von mir verlangen könnten, und allein durch eine ferne Hoffnung glücklich zu sein. – Ich geriet in eine derartige Bewegung, daß ich an allen Gliedern bebte. Während wir mitten im Gespräch waren, kehrte der jüngere Bruder mit ein paar lustigen Freunden heim, da mußte ich auf einmal den Ausgelassenen wie in alten Tagen spielen, denn ich wollte nicht, daß man das Geringste ahnte. Es war eine entsetzliche Qual! Ich hielt sie ein paar Stunden aus, dann ging ich nach Hause.

Doch als ich auf die Straße und an die kalte Luft kam, überfiel mich das furchtbarste Zittern, die Tränen strömten mir aus den Augen, und ich spürte einen solchen Schwindel, daß ich mich an einer Mauer festhalten mußte. Ich fühlte mich einer Ohnmacht nahe, was mich in große Angst versetzte und meine Phantasie heftig erregte. Seit jenem Abend überkommt mich jedesmal, wenn ich zu vorgerückter Stunde einen langen Weg allein gehen muß, eine Art von Schrecken, denn wenn ich mich an mein damaliges Gefühl erinnere, gerät eine Reminiszenz daran in meine Einbildungskraft, läßt mich schwindlig werden und erbeben. (Das also ist der Grund, weshalb ich es stets vermieden habe, in Dämmerung und Kälte von Nygaard in die Stadt zu gehen.) Die Ursache des Ganzen ist eine Nervenschwäche und eine allzu starke Einbildungskraft, die sich ja mit den Jahren verliert. – Als ich endlich mein Zimmer erreichte, floh ich sogleich ins Bett und verlor das Bewußtsein. Wie lange meine Ohnmacht dauerte, weiß ich nicht. Als ich dann zu mir gekommen war, schlug ich Feuer, spürte eine ungeheure Müdigkeit und schlief bis in den hohen Tag. Es wäre vergeblich gewesen, eine Begegnung mit ihr anzustreben, mit ihr allein zu sprechen; außerdem lief die Zeit ab, sie mußte nach Hause zurück, der Vater und eine zweite Schwester sollten sie abholen und wurden erwartet. Mir blieb kein anderes Mittel, als einen Brief zu schreiben; der Bruder versprach, ihn zu überreichen und mir dann zurückzugeben. – Ich besitze ihn noch, er wirkt sehr matt, damals aber strömte er lebendig wie Feuer aus meinem Herzen.

Kopenhagen, den 30. Oktober 1830

Es ist mir nicht möglich, mit Ihnen in ein Gespräch zu kommen, um Ihnen zu sagen, was Sie vor Ihrer Abreise wissen müssen und was ich so ungern dem Papier anvertraue; doch ist dies das einzige, das letzte Mittel, und in meinem Herzen bin ich davon überzeugt, daß Sie das reine, weibliche Gefühl besitzen, daß mein inniges Vertrauen zu Ihnen nicht verspottet wird und daß außer Ihnen niemand diese Worte sieht. Versprechen Sie mir, dieses Papier nicht eher wegzulegen, bevor Sie alles gelesen haben, und lassen Sie mich zumindest hoffen, ein schwesterliches Herz zu finden, nun, da ich das meine zum ersten Mal recht einem anderen öffne. – Schon am ersten Tag, als ich Sie sah, waren Sie mir nicht mehr fremd, und mir schien, doch womöglich war das ein Irrtum, als ob auch Sie einige Freundlichkeit für mich hegten, etwas mehr als das, was die Welt als »die gesellschaftliche Höflichkeit« bezeichnet. Daß Sie VERLOBT WAREN, wußte ich DAMALS nicht, sonst hätte ich sogleich jene Gefühle zu bekämpfen versucht, die mir bis zu dieser Zeit vollkommen unbekannt waren. JETZT hat mich Ihr Bruder von Ihrer Verlobung unterrichtet, es wäre also meine Pflicht, resignierend zurückzutreten, aber –. Gewiß haben Sie meine Gefühle schon bemerkt, ich bin nicht weltklug genug, um mein Herz zu verbergen, und ich träume mir eine Hoffnung, ohne welche mein Leben verloren ist. LIEBEN SIE DEN ANDEREN WIRKLICH? Ich kenne ihn gar nicht, kann nichts gegen ihn haben, und wenn Sie ihn erwählt haben, hat er sicherlich seine Vorzüge – aber lieben

Sie einander wirklich? Ist nicht der tägliche Umgang, den Sie als Kinder miteinander hatten, der Grund dafür, daß Sie für Liebe halten, was Interesse ist? Unsere Wünsche können durch Schwierigkeiten, auf die sie stoßen, oftmals noch brennender werden. Lieben Sie ihn über alles? Nun, dann möge Gott Sie beide begleiten! Mögen Sie beide so glücklich werden, wie ich es Ihnen von ganzem Herzen wünsche! Dann denken Sie nicht mehr an diese Zeilen, sehen Sie darin ein poetisches Gedicht, das ich Ihnen aus Brudervertrauen zeigte. Doch wenn Sie ihn nicht so innig wie Gott und die ewige Seligkeit lieben, wenn Sie sich dessen nicht ganz sicher sind – ? Dann machen Sie mich nicht unglücklich! Alles kann ich durch Sie werden! Ich werde arbeiten und alles tun, was Sie und Ihre Eltern von mir verlangen können! Sie sind mein einziger Gedanke, mein Alles, und ein Dichterherz schlägt heftiger als jedes andere! – Dies ist das erste und das einzige, was Sie von mir hören werden, es steht Ihnen frei, meine Gefühle vor der Welt lächerlich zu machen, aber das wollen Sie nicht! Ich glaube in Ihrer Seele gelesen zu haben, und dies hat mir einen Mut verliehen, den ich nie zuvor besaß. Lieben Sie den anderen wirklich, nun, dann verzeihen Sie mir! Verzeihen Sie mir dieses mein Wagnis, das dann eine Vermessenheit wäre. Mögen Sie beide glücklich werden! Und vergessen Sie ein Wesen, das Sie niemals, niemals vergessen kann. Hat mein Brief Sie nicht verletzt, dann gestatten Sie mir noch ein einziges Mal, Sie zu sehen, und ich werde meine Bestimmung in jeder Ihrer Mienen lesen. Ich verlasse mich auf Ihr weibliches Herz, daß Sie den Brief selbst vernichten oder mir zurückgeben. Nun wissen Sie alles! – Leben Sie wohl! Leben Sie wohl, vielleicht auf ewig!

Nachschrift:

Glauben Sie um Gottes willen nicht, dies alles sei ein Dichtertraum von mir! Ganze drei Monate habe ich mit Herz und Gedanken gekämpft, jetzt kann ich nicht länger in dieser Ungewißheit leben, ich muß meine Bestimmung erfahren, doch verzeihen Sie mir! Verzeihen Sie mir! Ich konnte nicht anders handeln! Leben Sie wohl!

Wie ich hörte, brach sie nach dem Lesen meines Briefs in Tränen aus und war sehr unglücklich. Sie hatte ja selbst mehrere Jahre geweint und getrauert, weil sich die Eltern ihrer Liebe widersetzten, nun – – Oh, ich will hier keinen Gedanken niederschreiben, sie sagte: »Was sollte A. wohl von mir denken, wenn ich, selbst ihm zuliebe, ein früheres Band zerschneiden könnte – müßte er da nicht dasselbe befürchten?« – Sie sagte, es sei ihre Pflicht, dem anderen treu zu bleiben, er werde sonst unglücklich und hänge an ihr mit Herz und Seele!

Ich erfuhr dies am selben Abend, als ihr Vater und ihre Schwester eingetroffen waren, und sah sie dann mit ihnen im Theater. Ihr Auge suchte mich, sie war totenbleich und doch so schön, so unsagbar schön! Man spielte *Christen und Christine*, das ganze Stück kam mir wie unsere Geschichte vor, ich glaubte selbst der edle Stanislaus zu sein – Eitelkeit mitten in meinem Schmerz. Ich hatte nur den einen Wunsch: mit ihr zu sprechen, bevor wir uns trennten; dasselbe hatte sie ihrem Bruder anvertraut, auch sie wollte mir gern allein Lebewohl sagen! – Wir dachten über eine Möglichkeit nach, aber es gab keine. – Im Hotel Royal, wo ich ihren Vater und die Schwester besuchte, trafen wir zusammen; sie sah mich nicht an, die anderen sagten, sie sei krank, und als ich ging, entdeckte ich in ihren Augen Tränen. – O Gott, wie habe ich gelitten, wie unglücklich habe ich mich gefühlt, und doch mußte ich mich vor meinen Bekannten maskieren, nur Frau Læssøe las damals in meinem Herzen, vor ihr blieb es nicht verborgen. Die anderen ahnten gar nichts davon.

Dann kam der letzte Tag, das letzte Mal, wo wir einander sehen durften, aber auch das wurde hintertrieben. Sie wollte mit ihrem Vater und den anderen abends ins Theater, es wurde *Die beiden Tage* gespielt. Nach der Vorstellung wollte ich mich an die Ausgangstür stellen, um ihnen allein eine glückliche Reise zu wünschen. – Der Vater lud mich zu einem Besuch im nächsten Sommer ein, die Schwester drückte mir freundlich und fröhlich die Hand, doch IHR gab ich meine Hand zuletzt, und als ich fest die ihre umschloß, spürte ich, daß sie meinen Händedruck erwiderte, wobei sie mir mit feuchten Augen ins Gesicht sah und flüsterte: »Leben Sie für immer wohl!« – Ich stürzte hinaus – – und habe sie nie wieder gesehen. – Sie reisten in früher Morgenstunde ab, der Bruder überbrachte mir ihren innigen Gruß und einen kleinen Zettel mit folgenden Worten:

»Leben Sie wohl, leben Sie wohl! Möge Christian mir bald berichten können, daß Sie ruhig und vergnügt sind wie zuvor.

In inniger Freundschaft

RIBORG«

Sie sei so bekümmert gewesen, sagte er, und habe ihm aufgetragen, mich recht zu trösten, mich recht gern zu haben, ich hätte es verdient. Oh, in alledem erkannte und spürte ich ihre Liebe. Im ersten Brief, den ihr Bruder danach von ihr bekam, erzählte sie, daß sie sich schlafend stellen mußte, damit die anderen im Wagen nichts von ihrem Weinen merkten. Um sie zu überraschen und ihr eine Freude zu bereiten, hatten die Eltern, als sie nach Hause kam, den Geliebten eingeladen und beschlossen, ihren zahlreichen Bitten nachzugeben. ER war so glücklich, so liebevoll, und das eben stürzte sie in Verzweiflung, sie glaubte schlecht gegen ihn und gegen mich zu handeln. Das alles hatte auf sie eine starke Wirkung, sie wurde krank, ihre Augen litten sehr; ich hörte davon berichten und träumte und hoffte noch auf Liebe.

V

Indessen kamen meine Gedichte *Phantasien und Skizzen* heraus und offenbarten meinen ganzen Seelenzustand in einer Weise, daß selbst Uneingeweihte es ahnen mußten; ja, ich beging wirklich eine Sünde gegen sie, indem ich allzu deutlich auf sie verwies. Doch meine Poesie hatte ebenso wie mein ganzes Wesen einen vollkommen anderen Charakter angenommen. Der Dichter Ingemann, der mich häufig mit seinen Briefen erfreute, schrieb mir, nachdem er meine Gedichte gelesen, einen Brief, der mir die beste Kritik meines damaligen Wesens zu sein scheint. Deshalb will ich ihn abschreiben, bevor ich zur schmerzlichen Auflösung der ERSTEN Liebe meines Herzens komme.

Sorø, den 9. Januar 1831

Lieber A – !
Mein Dank für Ihre neue Gedichtsammlung und für das Vertrauen und die Zuneigung, die Sie mir erweisen, soll – wie ich weiß, ganz nach Ihrem Wunsch – in einer aufrichtigen und vorbehaltlosen Mitteilung dessen bestehen, was mir mein Mitgefühl für Sie diktiert. Sowohl in Ihrem Buch als auch in Ihrem Brief scheinen Sie eine gewisse leidende Gemütsstimmung zu offenbaren, die ich bedaure und die, wie ich fürchte, in Ihrem Leben wie in Ihrer Dichtung ein störendes Übergewicht erlangen wird. Jenes Gefühl, mit dem Sie zuvor wohl leichtsinnig Scherz getrieben haben, scheint sich nun dadurch rächen zu wollen, daß es Ihnen jene Freiheit der Seele und Besonnenheit nimmt, welche die Voraussetzung für jede künstlerische Tätigkeit und sogar dafür ist, Bildern im Kabinettformat, die aus der Herzenskammer kommen, künstlerische Haltung und Klarheit in den Schatten zu verleihen. Wenn Ihr Gedicht *Das Leben*

ein Traum – wie es den Anschein hat – das wahre Bild von etwas Erlebtem ist, dann hat Sie das Leben gewiß auf eine harte Probe gestellt. Vielleicht hat sich bei Ihnen etwas Selbsttäuschung damit verbunden; doch wie immer das zusammenhängt, verhindern Sie, daß das Leben ernstlich ein Traum und gar noch ein unglücklicher Traum für Sie wird! Vielmehr sollte das geweckte Herz Sie gerade davon überzeugen, daß noch im tiefsten Schmerz der Keim zu einer höheren Freude liegen kann und daß das wahre Geistesleben, jenes Reich Gottes, das, wie wir bitten, zu UNS kommen möge, auch wirklich und HIER zu uns kommen KANN! – Indessen hoffe ich, daß jene Veränderung, die nach Ihrem eigenen Empfinden mit Ihnen vorgegangen ist und die Ihre neuen Gedichte teilweise auch bezeugen, Sie der Wahrheit und der Schönheit im Leben wie in der Kunst näherbringen wird, sofern es Ihnen nur gelingt, zwischen jenen Höhen und Tiefen, vor denen Ihnen jetzt schwindelt und die Sie für Phantome gehalten haben, die aber in ihrer Wahrheit und Größe gerade die schönsten und herrlichsten Lebensbilder formen, einen festen Standpunkt zu finden. – Dabei ist mir ein Bedenken eingefallen, und bitte überlegen Sie selbst, ob es begründet ist: Es will mir nämlich so scheinen, als ob Sie allzu große Eile hätten, jedem Gefühl in einem poetischen Ausbruch Luft zu geben, bevor es recht Zeit haben kann, sich mit Klarheit und Bewußtsein zu entwickeln, und als ob Sie manchmal gleichsam in die Blütenknospen der Seele bliesen, um sie vor der Zeit aufspringen zu lassen. Suchen Sie um alles in der Welt nicht nach poetischen Unglücksfällen! Noch ehe Sie davon wissen, kann daraus Wirklichkeit werden. Ein solches Trachten nach schwermütiger Seelennahrung scheint mir Ihre Lust zu sein, Byrons Verzweiflungspoesie recht zu studieren, und in einzelnen Ihrer Kleingedichte erkenne ich auch einen Hang zu dunklen und menschenfeindlichen Vorstellungen, vornehmlich in dem *Gemälde von der jütischen Westküste*.

Von jenen drei Gedichten, die Sie selbst für am besten halten, gefallen auch mir *Der Sohn der Wüste* und *Das Leben ein Traum* sehr gut. Das erste ist ein hübscher poetischer Herzensseufzer, und das letzte hat so viel Wahrheit und Herzlichkeit, daß ich mir, wie gesagt, um den Herzensfrieden des Verfassers Sorgen machte. *Der Luftgeist* scheint mir zum Teil eine Reminiszenz zu sein, und ich verstehe nicht, wie Sie in der Klage des friedlosen Geistes über eine unendliche Disharmonie und die vermeintliche Herzlosigkeit des Universums die harmonische Musik der Sphären haben finden können. – Den Spaß mit der lateinischen Grammatik erachte ich für mißlungen. Einige der erotischen Kleinverse und verschiedene von den anderen, die nur Fragmente ohne eine voll ausgeführte Idee zu sein scheinen, wünschte ich ausgelassen. Eine strengere Korrektheit in den Formen und eine größere Präzision im Ausdruck wären gewiß auch wünschenswert gewesen; doch bin ich weit davon entfernt, wie »das neue Gespenst« die Form höher als die Idee zu stellen. Eins jener Gedichte, die mir am allermeisten zusagen, ungeachtet es mich zu Anfang etwas an Tiecks *Die Elfen* erinnert, ist *Der fremde Vogel*, denn ich finde darin die Kinderphantasie, das Menschenleben und den Tod schön und poetisch betrachtet. Auch im Gedicht *Das Dichterschiff* sehe ich einige sehr schöne Züge, obgleich in dem elegischen Schluß vielleicht auf zu bedrükkende Weise jene Unzufriedenheit mit dem Leben angedeutet wird, über die uns das Dichterschiff gerade erheben sollte. Im *Spielmann* haben Sie eine poetische und tragische Situation dargestellt, wobei ich mir etwas mehr Bestimmtheit und Klarheit doch gewünscht hätte.

Sie sehen also, daß ich insgesamt sehr weit davon entfernt bin, das Poetische, das in Ihnen lebt und webt, zu verkennen, und ich hoffe sehr, daß sich dieses Poetische noch zu einer viel größeren Reife entwickeln wird, sofern es Ihnen nur gelingt, im Leben wie in der Kunst das Gleichgewicht zu halten, mit dem Schönsten und dem Höchsten vor Augen, ohne [...] daß Sie sich durch Lob oder unbilligen Tadel und die tausend Dämonen des unruhigen Zeitgeistes verwirren lassen. Gott segne Sie! Leben Sie wohl! Viel Glück bei Ihren neuen Arbeiten! Ich werde mit Freuden hören, daß wieder Friede und wahre Freude in Ihr Inneres eingekehrt sind – in unruhiger See kann sich kein Stern spiegeln – aber POST NUBILA PHOEBUS.

Ihr freundlich ergebener

INGEMANN.

Das Dichterlein, es soll jetzt ruhn,
Doch was es schuf, hat Dauer,
Es schrieb und schrieb – was mehr noch tun,
Wir sind in großer Trauer!

Das Haus am Peblingesee,
den 11. Mai 1831

Nachwort

»Mein Leben ist ein schönes Märchen, so reich und glücklich«, so beginnen Hans Christian Andersens berühmte Autobiographien, sowohl die Fassung des Jahres 1847, *Das Märchen meines Lebens ohne Dichtung*, als auch die umfangreichere des Jahres 1855, *Das Märchen meines Lebens*, an deren Fortsetzung er noch bis kurz vor seinem Tode schrieb. Längst ist anhand zahlreicher Details erwiesen, daß diese Texte mehr Dichtung als Wahrheit enthalten, daß der Märchendichter auch die eigene Vita zur Legende formte, zu einem Zeitpunkt, als er sich selbst vom häßlichen Entlein zum schönen Schwan gewandelt sah. Diese Metamorphose war das vielfach variierte Thema des Romantikers Andersen: der märchenhaft-abenteuerliche Weg des armen Flickschustersohns zu den Höhen dichterischen Ruhms, entsprechend einer göttlichen Vorsehung, die »alles zum besten führt«. Der Realist Andersen, der die Grenzen des selbstgesteckten Rahmens immer wieder erzählerisch durchbrach, war sich der Einseitigkeit einer solchen Programmatik wohl bewußt. Aus seinen nachgelassenen Papieren ist der Entwurf einer Vorrede bekannt, die er der Fortsetzung zum *Märchen meines Lebens* voranstellen wollte und vermutlich 1875, in seinem Todesjahr, geschrieben hat:

»Es ist nun zwanzig Jahre her, daß ich die Herausgabe vom *Märchen meines Lebens* abgeschlossen habe. Es enthält meine ganze Kindheit und meine Prüfung und Entwicklungsgeschichte. Doch ich möchte annehmen, daß nicht nur die Geschehnisse meines Lebens Interesse erwecken, sondern auch die bekannten Personen und Zeitbewegungen, die ich berühre. Von ihnen gibt es aus den nachfolgenden zwanzig Jahren genausoviel mitzuteilen, was vielleicht Interesse haben kann, obgleich es sich so verhält, daß dasjenige, was vielleicht am meisten charakteristisch ist und manch eine bekannte Persönlichkeit am besten beleuchtet, ausgelassen werden muß, denn es würde, wie wahr es auch ist, viele verletzen. Ich zeigte und zeige noch immer die schöne, die beste Seite [DURCHGESTRICHEN: drehte ich sie um] ...«

Der alte Andersen gestand sich seine Selbstzensur ein und hatte vor, auch sein Publikum auf sie hinzuweisen, das sich die vorhandene »andere Seite« selbst vorstellen und dazu das Märchen von *Des Kaisers neuen Kleidern* lesen mochte. »... was sich in mir und um mich regte, bringe ich aus vielen Gründen nicht aufs Papier, mit Rücksicht auf mich selbst und auf viele andere. ›Es ist etwas faul in Dänemark‹, sagte Shakespeare, und das ist, sagen wir, ›faul in der Welt‹«, schrieb er am 9. Mai 1870 in sein Tagebuch, mit einer lesenden Nachwelt vor Augen.

Von den genannten Rücksichten wußte der junge Andersen erheblich weniger. Als er mit siebenundzwanzig Jahren zum ersten Mal daranging, in einem größeren Text sich selbst und anderen Auskunft über sein Leben zu erteilen, war er weder eine europäische Berühmtheit noch überhaupt ein Märchendichter. Ein Schriftsteller immerhin, denn nachdem er als Tragödienschreiber gescheitert war, hatte er zwei Bände (vorwiegend sentimentaler) Lyrik veröffentlicht, 1829 mit der *Fußreise von Holmens Kanal zur Ostspitze von Amager in den Jahren 1828 und 1829* sein in Dänemark vielbeachtetes Prosadebüt und 1831 sein erstes Reisebuch geliefert: *Schattenbilder von einer Reise in den Harz, die Sächsische Schweiz etc. etc. im Sommer 1831.* Er galt in Dänemark als eine ungewöhnliche Erscheinung, die Bewunderung ebenso wie kritische Ablehnung hervorrief und zeitgenössische Literaten zu heftigen Ausfällen provozierte. »H. C. Andersen wirft sich in den Staub und läßt sich von jedem, dem es einfällt, dann treten. Er drängt sich in alle

Familien ein, leckt den Speichel aller Menschen und ist ebenso rückgratlos und ohne Haltung in seiner Person wie in seinen Gedichten«, charakterisierte ihn 1829 der Romantiker und Oehlenschläger-Anhänger Carsten Hauch, und der Heiberg-Mitstreiter Henrik Hertz, der ihn in seinen 1830 anonym veröffentlichten satirischen *Gespensterbriefen* zum Gespött machte, bezichtigte ihn »rauher Wildheit«, fehlender Bildung und einer »Zigeunersprache ... mit Brüllen auf den Mooren hinterm Dichterhain«.

Urteile solcher Art mußten Andersen, der sein Leben lang auf Kritik äußerst empfindlich reagierte, zutiefst treffen. Ganz offensichtlich befand er sich zu dieser Zeit in einer Krise, und das nicht nur, weil Riborg Voigt einen anderen Mann vorgezogen hatte, was die danach verehrte Louise Collin auch bald tat. In seinen Briefen dieser Jahre, vor allem an den geliebten Freund Edvard Collin, der ihm den Tort angetan hatte, das angebotene »Du« abzulehnen, ist von »wunderlicher Mattigkeit« und »Exaltation« die Rede, von tiefen Zweifeln an der eigenen Begabung, von Todesgedanken und Todessehnsucht, vom Ende der Jugend und von finanziellen Sorgen – und dies alles im Ton kläglicher Unterwürfigkeit. Daß sich die Trunksucht seiner Mutter, die er im Juli 1831 zum letzten Mal im Pflegeheim »Doctors Boder« besuchte, verschlimmert hatte, mag ihn ebenfalls bedrückt haben, obgleich er in seinen Briefen nicht davon spricht. Auch in seiner einzigen Veröffentlichung des Jahres 1832, dem Gedichtzyklus *Die zwölf Monate des Jahres*, überwiegen düster-klagende Töne.

Andersen unternahm zweierlei, um aus seinem Stimmungstief herauszukommen: er schrieb an seiner Lebensgeschichte, und er bewarb sich beim Fonds *ad usus publicos* um ein Reisestipendium. Im *Märchen meines Lebens* heißt es dazu nur knapp: »Die allgemeine Meinung war, ich hätte kulminiert; ich spürte, was sich später bestätigt hat, daß mir das Reiseleben die beste Bildungsschule ist.« Dazu reichte er fünf Atteste namhafter dänischer Persönlichkeiten ein, darunter waren die Schriftsteller Bernhard Severin Ingemann, Adam Oehlenschläger und Johan Ludvig Heiberg, die er später im Bekanntheitsgrad weit überflügeln sollte und deren Zeugnis nicht eben das innigste Verständnis für den jungen Kollegen offenbart. Differenziert abwägend beurteilte ihn dagegen der Physiker Hans Christian Ørsted, der wenige Jahre darauf als einer der ersten Andersens geniale Begabung als Märchendichter erkannte und der dringlich empfahl, ihm für die weitere Ausbildung seines »Dichtergeistes« die Möglichkeit des Reisens zu gewähren.

Kurz bevor Andersen 1833 nach dem ersehnten Italien aufbrechen konnte, gab er Edvard Collin die Reinschrift seines autobiographischen Fragments in Verwahrung, das er in dieser Form offensichtlich noch nicht in Druck geben, sondern nach seiner Rückkehr weiter ausarbeiten und fortführen wollte. Es muß ihm jedoch so wichtig gewesen sein, daß er schriftlich verfügte, diese »Erinnerungen« sollten im Falle seines Todes auf der Reise gedruckt herausgegeben werden. Eine entsprechende Information erhielten mehrere seiner Vertrauten, und gewiß hat er ihnen den Text gezeigt oder vorgelesen. Wie bei allen seinen Werken hatte Andersen auch hier den Wunsch nach Bekanntgabe und Mitteilung, zumindest im kleinen Kreis, obwohl er seine Niederschrift nicht einmal mit einem Titel versehen hatte. Die Bezeichnung »Levnedsbog« – Lebensbuch, Buch über geführtes Leben – stammt von dem dänischen Andersen-Forscher Hans Brix, der die Handschrift fast hundert Jahre später zufällig in der Kopenhagener Königlichen Bibliothek entdeckte und 1926 erstmals herausgab.

Als Andersen im Juli 1834 aus Italien heimkehrte, nahm er die Arbeit an dem hinterlegten Manuskript nicht wieder auf. Er war mit den Erlebnissen seiner Reise, die für ihn in mehrfacher Hinsicht eine Zäsur bedeutete, so sehr beschäftigt, daß er sie sofort literarisch umsetzte, in dem Roman *Der*

Improvisator (1835). Kurz darauf veröffentlichte er auch das erste Heft *Märchen, für Kinder erzählt*, dem eine ganze Reihe von Werken verschiedener Genres, vor allem weitere Märchen folgten. Erst 1846 wandte er sich, im Auftrag des Verlagsbuchhändlers Carl B. Lorck, erneut seiner Lebensgeschichte zu, die zwar immer wieder in seine Werke eingeflossen war, die er jedoch nicht weiter eigenständig ausgeformt hatte. Als Einleitung für die erste deutsche Ausgabe seiner »Gesammelten Werke« schrieb er nun, auf Reisen und ohne sein frühes Manuskript zur Hand zu haben, *Das Märchen meines Lebens ohne Dichtung*, das 1847 auf deutsch und erst 1942 auf dänisch erschien.

Das »Lebensbuch« dagegen ist ohne äußeren Anlaß niedergeschrieben und wurde nicht bis ins letzte ausgefeilt; dem Autor, der in davor entstandenen Werken durchaus sprachlichen Ehrgeiz bewiesen hatte, sind selbst inhaltliche Wiederholungen unterlaufen, von orthographischen Fehlern ganz zu schweigen. Für den Siebenundzwanzigjährigen ist das Moment der Selbstverständigung und des Sichverständlichmachens noch wichtiger als das der Selbststilisierung, das in den großen autobiographischen Schriften dann so auffällig in den Vordergrund rückt. Seine Intentionen hat er in der »Vorrede« für den imaginierten Leser formuliert: »Ich schreibe hier alles über mein Jugendleben nieder, was die Erinnerung mir eingibt; dies wird sich für den Fremden, der außerhalb steht, vielleicht zu einem Ganzen sammeln und vieles in meinen Gedichten, sofern die Welt sie nach meinem Tode liest, erhellen, rechtfertigen und verdeutlichen.« Das klingt wie Werbung um Verständnis, und die Bescheidenheit, mit der sich der junge Dichter vor der Nachwelt rechtfertigen zu müssen glaubt, ist nicht ohne Koketterie. Denn freilich findet sich in dieser »Vorrede« auch der Keim seines späteren »Lebensmärchens«, selbst wenn nur allgemein von »Poesie« und noch nicht vom »Märchen« die Rede ist, verbunden mit dem Glauben an jene

Vorsehung, mit deren Hilfe es einem Menschen und insbesondere dem Autor gelingen kann, sich selbst allen Hindernissen zum Trotz zu verwirklichen. Doch der junge Andersen, der sich brennend nach Ruhm und Anerkennung sehnt, hat noch keine Berühmtheit zu verteidigen und geht unbekümmerter mit sich selbst und seiner Mitwelt um. Sein Erzählton ist ein anderer als in den »offiziellen« Lebensbeschreibungen: eine Mischung aus Herzensergießung, echter und verschmitzt gespielter Naivität und einer Ironie, die den emphatischen Ausbrüchen die Spitze bietet. Er schildert sein Elternhaus nicht gar so sonnig-idyllisch wie in späteren Jahren und erklärt sich das »Poetische« seiner Kindheit eher aus der Rückständigkeit der Provinz, in der sich viele alte Sitten und Gebräuche und so mancher Aberglaube erhalten hatten. Im frühen Text taucht die »weise Frau« gleich zweimal auf, und die berühmte Prophezeiung vom künftigen Ruhm und von der Illuminierung der Stadt Odense zu Ehren ihres großen Sohns hat einen bösen Unterton: »Der wird mehr Glück haben, als er verdient.« Sie wird noch zu Lebzeiten des Vaters ausgesprochen, auch zur Verängstigung des Kindes, während sie in den späteren Autobiographien effektvoll als Motivation dafür eingesetzt wird, daß die Mutter den jungen Glücksritter endlich nach Kopenhagen ziehen läßt. Während der Ältere seine Erinnerungen auswählt und in Zusammenhänge setzt und biegt, sieht der Jüngere vieles schärfer und beschönigt weniger, was nicht nur dadurch begründet ist, daß ihm die Kindheits- und Jugendjahre zu diesem Zeitpunkt noch näher waren. Daß sich sein Vater als »Freidenker« bezeichnet hat, erwähnt er nur in dem frühen Text, und er läßt deutlicher darin ahnen, wie tief dessen früher Tod ihn erschüttert hat.

Auch andere Erlebnisse und Eindrücke hat er später nicht wieder mitgeteilt oder aber in ein rosig-verklärendes Licht gestellt. So ist von dem Besuch bei der Halbschwester seiner Mutter, über deren Gewerbe er sich durchaus im klaren war, in keinem anderen Text die Rede, und während er in den großen Autobiographien seine Ahnungslosigkeit beteuert, was die äußere Szenerie seiner ersten Jahre in Kopenhagen betraf, geht aus dem frühen Text hervor, daß er so unwissend nicht gewesen ist und den »Herrn Müller» mit dem Orden sehr wohl wiedererkennen konnte. Wenn sich Andersen mit der echten und scheinbaren Naivität seiner siebenundzwanzig Jahre rückblickend wiederum hinter der Naivität seiner Kinder- und Jugendzeit verschanzt, dann ist ihm nicht immer ganz zu trauen: Dem Leser dieses Textes wird gelegentlich ein wenig zugezwinkert.

Besonders aufschlußreich sind jene Kapitel des »Lebensbuchs«, die Andersen seiner Schulzeit in Slagelse und Helsingør gewidmet hat. Unverblümt und ohne die ängstliche Zurückhaltung, die er sich später auferlegte, schildert er die Zustände im Hause Meisling und liefert dabei vorzügliche Porträts seines Rektors und dessen Gattin, deren »Leichtfertigkeit« er zwar mißbilligt, die er aber dennoch nicht verteufelt. Dagegen war Meislings Zwangsregime für ihn tatsächlich eine Hölle, und er hat den Teufel in seinem Prosawerk *Fußreise von Holmens Kanal zur Ostspitze von Amager in den Jahren 1828 und 1829* dann auch mit der Physiognomie seines ehemaligen Lehrers versehen und entsprechende Alpträume bis in seine letzten Lebensjahre in seinen Tagebüchern festgehalten. Während er in den späteren Autobiographien über diese Schreckens- und Leidenszeit wesentlich knapper berichtet und dabei um ein »mildes Wort der Versöhnung« bemüht ist, schreit er im »Lebensbuch« seine Not unmittelbar heraus und schont auch seine Gönner in Kopenhagen nicht, die ihm das Dichten ausreden und verbieten wollten.

Einen anderen Stellenwert nimmt im »Lebensbuch« auch die Beziehung zur Kaufmannstochter Riborg Voigt aus Faaborg ein, über die Andersen in seinen späteren Selbstdarstellungen nur noch wenige, fast beiläufige Zeilen verliert.

Hier stellt er sie als den großen Liebesroman seiner Jugend dar und baut dieses Kapitel fast dramatisch auf: zuerst geheimnisvolle Andeutungen, dann die wachsende Intensität seiner Gefühle, schließlich der psychische und physische Zusammenbruch. Andersen scheint die Rolle des unglücklichen Liebhabers, dem die Aussichtslosigkeit seiner nicht allzu energischen Bemühungen von vornherein klar war, allzu bewußt auf sich zu nehmen, um sie seinen Lesern vorzuspielen, unter denen ein Edvard Collin war, der wohl Andersens größere unglückliche Liebe genannt werden darf.

Trotz dieser auffälligen Unterschiede zwischen dem »Lebensbuch« und den beiden Märchen-Autobiographien stimmen alle drei Texte in mehreren Einzelheiten bis in die sprachliche Formulierung überein. So findet sich die Schilderung der Ankunft in Kopenhagen fast wortwörtlich in den Fassungen der Jahre 1832 und 1847 wieder, ohne daß ein Abschreiben möglich gewesen wäre, und einzelne Topoi lassen sich in sämtlichen Texten und auch in Andersens Briefen verfolgen. Zu beobachten ist daran, wie Andersen das Gebäude seines Lebensmärchens, dessen Grundriß sich bereits 1832 abzuzeichnen beginnt, Stein für Stein zusammenfügte. Schon im frühesten Text ist nachzulesen, daß er seine eigene Geschichte bewußt einzusetzen verstand und sie wieder und wieder vortrug – auch als ein Pfund, mit dem der mittellose junge Dichter wuchern und Gönner erwerben konnte. Es ist anzunehmen, daß sie ihm ständig in sprachlicher Gestalt präsent gewesen ist, und es gilt als erwiesen, daß er auf fast alle biographischen Texte, die zu seinen Lebzeiten über ihn geschrieben wurden, einen unmittelbaren Einfluß auszuüben suchte. Das »Lebensbuch« stellt keinen direkten Gegensatz zu den späteren Selbstbiographien dar, es vermag sich aber trotz seines fragmentarischen Charakters als eigenständiges literarisches Zeugnis zu behaupten und das Bild des jungen Andersen um einige kräftige Farbtöne zu bereichern.

Anmerkungen

SEITE

9 MEIN VATER: Hans Andersen (1782–1816), erlernte 1794–98 das Schuhmacherhandwerk, wurde jedoch nur »Freimeister«, d. h. er wurde nicht in die Zunft aufgenommen.

HOLBERG: Ludvig Holberg (1684–1754), norwegisch-dänischer Dramatiker, Epiker, Historiker und Philosoph, führende Gestalt der Aufklärung in Skandinavien.

MEINE MUTTER: Anne Marie Andersdatter (um 1775–1833), war bis zu ihrer Heirat Dienstmagd und hatte 1799 eine uneheliche Tochter geboren.

10 AM 2. APRIL: des Jahres 1805.

DER AUFENTHALT DER SPANIER IN ODENSE: Im März 1808, nach der Kriegserklärung Dänemarks an Schweden, kam ein französisch-spanisches Hilfskorps auf die Insel Fünen, was bei dem dreijährigen Andersen einen tiefen Eindruck hinterließ. Darüber schrieb er 1836 das Vaudeville »Die Spanier in Odense« und 1865 das Lustspiel »Als die Spanier hier waren«, beide mit nur mäßigem Erfolg. Dieses Erlebnis erwähnt er auch wiederholt in seinem Reisebuch »In Spanien« (1863).

MEINE ALTE GROSSMUTTER: Anne Cathrine Nommensdatter (1745–1822).

11 DIE MAURERMEISTER MIT DEN SCHILDERN UMZIEHEN: An diesen Zunftbrauch hat sich Andersen in späteren Werken erinnert, so in dem Vaudeville »Die Spanier in Odense« (1836) und in dem Märchen »Der Sturm zieht mit den Schildern um« (1865).

14 FASTNACHTSRUTEN: geschmückte Reiser, mit denen man sich nach altem, heidnischem Brauch, der auf ein Fruchtbarkeitsritual zurückgeht, am Rosenmontag gegenseitig schlug.

15 FRANCKS DEUTSCHE SCHAUSPIELERTRUPPE: Görbing Francks Schauspielgesellschaft hielt sich in den Jahren 1810–12 in Odense auf.

»DER POLITISCHE KANNEGIESSER«: »Den politiske Kandestøber«, Komödie von Ludvig Holberg (1722).

15 »EINMAL WIRD MAN GANZ ODENSE FÜR IHN ILLUMINIEREN!«: Diese Prophezeiung ging 1867, als Andersen zum Ehrenbürger der Stadt Odense ernannt wurde, in Erfüllung. Doch litt er an diesem Tag an so heftigen Zahnschmerzen, daß er seinen Triumph kaum genießen konnte.

17 WIR WURDEN ALLIIERTE DER FRANZOSEN: Nachdem die Engländer 1807 Kopenhagen bombardiert hatten und die Auslieferung der dänischen Flotte erzwangen, schloß sich die dänische Regierung der Kontinentalsperre an, ging ein Bündnis mit Napoleon ein, an dem sie bis 1813 festhielt, und erklärte England und Schweden den Krieg.

18 ER GING ALS FREIWILLIGER MIT: Tatsächlich übernahm Hans Andersen gegen gute Bezahlung den Kriegsdienst eines wohlhabenden Bauernsohns.

EIN BLATT VOM »BAUM DES KREUZES CHRISTI«: ein Kreuzdornblatt.

19 DIE SPINNLIEDER VON BUNKEFLOD: Der Pfarrer Hans Christian Bunkeflod (1761–1805) aus Odense hatte 1783 eine Sammlung von »Liedern für Spinnschulen« herausgegeben, die zu ihrer Zeit weite Verbreitung fanden.

20 »ARIADNA AUF NAXOS«: Duodrama in einem Akt von Johann Christian Brandes, vertont von Georg Benda (1778).

»MEDEA«: Melodrama in einem Akt von Friedrich Wilhelm Gotter, vertont von Georg Benda (1787).

»LIEBE OHNE STRÜMPFE«: »Kierlighed uden Strømper« (1773), parodistisches Trauerspiel des dänisch-norwegischen Dichters Johan Herman Wessel (1742–1785).

»PYRAMUS UND THISBE«: sagenhaftes babylonisches Liebespaar; Andersen hat die Namen vermutlich Shakespeares »Sommernachtstraum« entnommen.

21 BALLES LEHRBUCH: Gemeint ist das »Lehrbuch in der evangelisch-christlichen Religion« des seeländischen Bischofs Nicolai Edinger Balle (1744–1816), das 1794 an allen dänischen Schulen eingeführt wurde.

UNSEREN KÖNIG: Frederik VI. (1768–1839) besuchte Odense vom 16. bis 17. Juni und am 23. Juni 1818.

24 DAS WAR NACH MEINEM ABITUR: Andersen wurde 1828 (wie alle Abiturienten) in das Königliche Leibkorps einberufen und 1830 zum Unteroffizier befördert.

25 DIE GEDULDIGE HELENE: Gestalt des gleichnamigen Volksbuchs, das in Dänemark 1677 erstmals gedruckt wurde.

25 DASS IHRE GROSSMUTTER VON STAND GEWESEN SEI: Andersens Großmutter war keineswegs vornehmer Herkunft, die Erzählung über ihre Vorfahren ist freie Phantasie und möglicherweise beeinflußt durch die Lektüre des deutschen Romanciers Heinrich Julius Lafontaine (1758–1831).

26 HOC EXQUIRENDO: (lat.) um dies zu untersuchen.

27 ROSENFELDTS ÜBERSETZUNG: Die Shakespeare-Übersetzung von Niels Rosenfeldt (1761–1804) erschien 1790–92.

»DAS DONAUWEIBCHEN«: romantisch-komische Zauberoper von Ferdinand Kauer (1798), in Odense erstmals 1812 aufgeführt.

CASORTIS TRUPPE: Giuseppe Casorti (1749–1826), Pantomime und Äquilibrist, Direktor einer Pantomimengesellschaft, die 1814-15 in Odense auftrat.

VESTERBRO: Casorti gab seine Pantomimevorstellungen im »Vergnügungstheater« des Kopenhagener Stadtteils Vesterbro.

28 JUNGFER BECH: Ellen (Eline) Kristine Bech (1782– 1857), Schauspielerin am Königlichen Theater in Kopenhagen, die 1802 Christian Andres Falbe (1769–1838) in Odense heiratete.

»HERMAN VON UNNA«: Effektstück des schwedischen Autors Anders Fredrik Skjöldebrand (1800).

BISCHOF PLUM: Frederik Plum (1760–1834), seit 1811 Bischof des Stifts Fünen.

OBERST GULDBERG: Christian Høegh-Guldberg (1777– 1867), einer der ersten Gönner und Förderer des jungen Andersen.

29 PRINZ FRITS: Frederik Carl Christian (1808–1863), König von Dänemark seit 1848.

DIE KATZE VON DER TONNE SCHLUG: alter dänischer Fastnachtsbrauch, bei dem eine Katze oder ein Hahn von einer Tonne geschlagen werden mußte.

PRINZ CHRISTIAN: Christian Frederik (1786–1848), als Christian VIII. König von Dänemark seit 1839.

COLBIØRNSENS: Geheimrätin Engelke Margrethe Colbiørnsen (1763–1848) und ihre Tochter Olivia (1795–1877), die Hofdame bei Erbprinzessin Caroline (1793–1881) von Dänemark war.

30 DIE HOCHZEIT FAND STATT: Andersens Mutter heiratete mit 49 Jahren den »Freischuhmacher« Niels Jørgensen Gundersøe (1787–1822) am 8. 7. 1818. Nach seinem frühen Tod blieb sie in äußerster Armut zurück.

31 »CENDRILLON«: Lyrisches Zauberspiel von Charles Guillaume Etienne, vertont von Nicolo Isouard (1810).

31 »Azemia«: »Azemia oder die Wilden«, Singspiel von Nicolas d'Alayrac (1753–1809).
»Der Apotheker und der Doktor«: Singspiel von Gottlieb Stephanie d. J., vertont von Karl Ditters von Dittersdorf (1786).
»Zemire und Azor«: Oper von Jean François Marmontel und André Ernest Modeste Grétry.
»Hagbarth und Signe»: Tragödie von Adam Oehlenschläger (1815).
»Axel und Valborg«: Tragödie von Adam Oehlenschläger (1810).

32 Foersom: Christen Foersom (1794–1850), Schauspieler, dessen Talent in Odense entdeckt wurde und der seit 1821 am Königlichen Theater in Kopenhagen angestellt war.

33 »Der verpfändete Bauernknecht«: Komödie von Ludvig Holberg (1731).
Jungfer Diederichsen: Ernestine Vilhelmine Diederichsen (um 1789–1855), Solotänzerin am Königlichen Theater.

34 Iversen: Christian Iversen (1748–1827), Buchhändler und Zeitungsherausgeber, der 1789 eine dramatische Gesellschaft in Odense gründete.
Madame Schall: Anna Margrethe Schall (1775–1852), seit 1798 Solotänzerin am Königlichen Theater.
Madame Hermansen: Sophie Charlotte Hermansen, geb. Flemming (1771–1846). Andersen hat sie 1848 in seinem Roman »Die beiden Baronessen« (»De to Baronesser«) porträtiert.
Prinz Ferdinand: Erbprinz Ferdinand von Dänemark (1792–1863)

35 am Montag morgen, dem fünften September: Andersen kam nicht am fünften, sondern am sechsten September in Kopenhagen an. Auch die spätere Autobiographie »Das Märchen meines Lebens ohne Dichtung« enthält diesen Fehler, der erst bei der Korrektur der großen Autobiographie »Das Märchen meines Lebens« (1855) berichtigt wurde.

36 »Judenfehde«: Nachdem es im August 1819 in mehreren westdeutschen Städten zu antisemitischen Ausschreitungen gekommen war, gab es ähnliche Krawalle vom 4. bis 14. 9. 1819 in Kopenhagen und anschließend auch in kleineren dänischen Städten. Andersen hat seine Eindrücke davon in seinem Roman »Nur ein Geiger« (»Kun en Spillemand«, 1837) geschildert.

37 Bournonville: Antoine Bournonville (1760–1843), Solotänzer und 1816–23 Ballettmeister am Königlichen Theater, Vater des

später berühmt gewordenen Choreographen und Ballettmeisters August Bournonville (1805–1879).

38 PROFESSOR RAHBEK: Knud Lyne Rahbek (1760–1830), Schriftsteller und Professor für Ästhetik und Literaturgeschichte, seit 1809 Mitglied der Direktion des Königlichen Theaters. Sein Haus, das »Bakkehus«, war ein Treffpunkt der bedeutendsten dänischen Künstler der Zeit.

HOLSTEIN: Frederik von Holstein (1771–1853), Chef des Königlichen Theaters zu Kopenhagen 1811–40.

39 »PAUL UND VIRGINIE«: Oper von Rodolphe Kreutzer (1791).

42 SIBONI: Giuseppe Siboni (1780–1839), italienischer Sänger und seit 1819 Leiter der Gesangsschule des Königlichen Theaters, seit 1827 Direktor des Konservatoriums.

BAGGESEN: Jens Baggesen (1764–1826), dänischer Schriftsteller, der ähnlich wie Andersen Kind armer Eltern war. Schrieb seine Werke teils deutsch, teils dänisch und hat mit »Das Labyrinth« (»Labyrinten«, 1792/93) das erste dänische Prosawerk von Rang geschaffen. Andersen bekannte selbst, daß seine Reiseliteratur von Baggesen beeinflußt war.

WEYSE: Christoph Ernst Friedrich Weyse (1774– 1842), dänischer Komponist der Romantik, schrieb vor allem Opern, Kantaten und etwa 100 Romanzen.

43 »DIE LIEBE AUF DEM LANDE«: Oper von Friedrich Ludwig Aemilius Kunzen (1810).

44 MADAME THORGESEN: Maren Sophie Thorgesen (um 1782 bis 1838), Hebamme und Hausbesitzerin im verrufensten Teil einer berüchtigten Straße von Kopenhagen, was Andersen ja andeutet. In den späteren Autobiographien hat er den Namen dieser Logierwirtin nicht wieder genannt.

DASS MEINE MUTTER EINE HALBSCHWESTER HABEN SOLLTE: Andersen hat diese Halbschwester seiner Mutter in den späteren Autobiographien nicht erwähnt und behauptet auch hier, trotz seines Besuchs, sich ihres Namens nicht zu erinnern. Vermutlich handelt es sich um die 1830 gestorbene Christiane Jansen, die mit einem angeblichen Kapitän in wilder Ehe gelebt hat.

45 BRUUN: Jens Worm Bruun (1781–1836), Lehrer an den »Mosaischen Freischulen« in Kopenhagen, seit 1827 in Aarhus.

46 IDA WULFF: 1808–1881, von Siboni entdeckt, später eine der bekanntesten Opernsängerinnen des Königlichen Theaters.

46 DASS DER OBERST EINEN BRUDER HATTE: Frederik Høegh-Guldberg (1771–1852), Schriftsteller und Lehrer am Artilleriekadetten-Institut Kopenhagen.

KUHLAU: Daniel Friedrich Rudolph Kuhlau (1786–1832), deutsch-dänischer Komponist, der 1813 dänischer Staatsbürger und 1818 Hofkomponist wurde, neben Weyse der wichtigste Komponist der dänischen Romantik.

47 LINDGREEN: Ferdinand Lindgreen (1770–1842), Schauspieler und Regisseur am Königlichen Theater.

DAHLÉN: Carl Dahlén (1770–1851), Solotänzer und Lehrer an der Ballettschule des Königlichen Theaters, der den jungen Andersen auch in seinem Haus gastlich aufnahm. Dieser hat ihn 1872 in dem Märchen »Der Hausschlüssel« porträtiert.

49 FRÄULEIN TØNDER LUND: Laura Tønder Lund (1803–1831). Sie war trotz ihrer schwachen Gesundheit dem jungen Andersen eine treue Freundin und hat ihm nicht nur materielle Unterstützung, sondern auch einflußreiche Bekannte vermittelt.

KRONPRINZESSIN: Prinzessin Caroline (1793–1881), die älteste Tochter König Frederiks VI.

50 MADAME KRETZSCHMER: Andrea Marie Kretzschmer (1811–1889), seit 1830 Solotänzerin am Königlichen Theater.

51 J. C. LANGE: Johannes Christian Lange (1785–1850), Schriftsteller und Besitzer einer Leihbibliothek in Kopenhagen.

52 BLANKENSTEINER: Blankensteiner & Sohn, Eisenwaren-, Kunst- und Galanteriewarenhandlung in Kopenhagen.

54 MADAME HENCKEL: Caroline Henckel (1786–1853). Um den 1. 9. 1821 logierte sich Andersen bei der Familie Henckel in der Ulkegade ein und zog mit ihr 1822 in die Dybensgade um.

55 DAHLÉN: Vgl. Anm. zu S. 47.

N. T. BRUUN: Niels Thoroup Bruun (1778–1823), Schriftsteller und Übersetzer.

ØRSTED: Hans Christian Ørsted (1771–1851), dänischer Physiker, Entdecker des Elektromagnetismus. Seine Freundschaft war für Andersen außerordentlich wichtig, denn Ørsted war einer der ersten, die Andersens Begabung als Märchendichter erkannten – weit früher als die Literaten seiner Zeit. »Ich habe auch einige Kindermärchen geschrieben, und Ørsted sagt, wenn der ›Improvisator‹ mir Ruhm einbringt, werden die Märchen mich unsterblich machen, denn sie seien das Vollkommenste, was ich geschrieben habe; aber das glaube ich nicht«, heißt es 1835 in einem Brief an Henriette Wulff.

56 KROSSING: Peter Casper Krossing (1793–1838), Komponist und seit 1820 Singmeister am Königlichen Theater.

PHISTER: Joachim Ludvig Phister (1807–1896), seit 1825 Schauspieler am Königlichen Theater, später berühmtester Holberg-Darsteller seiner Zeit.

JUNGFER ABRAHAMSEN: Boline Margrethe Abrahamsen (1809–1839), später Opernsängerin am Königlichen Theater.

»DIE BEIDEN KLEINEN SAVOYARDEN«: Singspiel von Nicolas d' Alayrac (1753–1809).

BAUER: Johan Daniel Bauer (1798–1880), Schauspieler am Königlichen Theater.

57 »NINA«: »Nina oder Die Wahnsinnige aus Liebe«, Ballett von Vincenzo Galeotti (1733–1816), Musik von Claus Schall (1757–1835).

»ARMIDA«: Heroisches Ballett von Carl Dahlén (1821).

HANNE PÄTGES: Johanne Luise Pätges (1812–1890), heiratete 1831 den einflußreichen dänischen Schriftsteller Johan Ludvig Heiberg (1791–1860) und wurde die führende Schauspielerin des Königlichen Theaters, später auch Regisseurin.

»CORREGIO«: Tragödie von Adam Oehlenschläger (1811).

58 BENTZIEN: Vilhelm Bartholomeus Bentzien (1800–1857), Lehrer, später Gemeindepfarrer und Propst.

BADENS GRAMMATIK: »Grammatica latina« (1782) des dänischen Philologen Jacob Baden (1735–1804).

COLLIN: Jonas Collin (1776–1861), einflußreicher und kunstinteressierter dänischer Beamter, u. a. Mitglied des Theaterdirektoriums, für den jungen Andersen der wichtigste Wohltäter und Förderer. Andersen bewahrte seinem »Vater Collin« zeitlebens Dankbarkeit und Anhänglichkeit, hat unter den Erziehungsbemühungen der Familie Collin (auf die im Märchen vom »Häßlichen jungen Entlein« angespielt wird) aber auch sehr gelitten.

59 ROSENKILDES ZEITSCHRIFT »DIE BRIEFTAUBE«: Der Schauspieler Christen Niemann Rosenkilde (1786–1861) veröffentlichte 1819 in seiner Zeitschrift »Brevduen« die Erzählung »Die Waldkapelle« ohne Angabe des Verfassers.

FRAU RAHBEK: Karen Margrethe (Kamma) Rahbek (1775 bis 1829), zusammen mit ihrem Mann Knud Lyne Rahbek (vgl. Anm. zu S. 38) machte sie ihr Haus, das »Bakkehus« zu einem Treffpunkt der bedeutendsten Künstler der Zeit.

OEHLENSCHLÄGER: Adam Gottlob Oehlenschläger (1779 bis 1850), Schriftsteller, wichtigster Vertreter der dänischen Romantik.

59 Ingemann: Bernhard Severin Ingemann (1789–1862), dänischer Schriftsteller, am bekanntesten durch seine historischen Romane. Trotz seines Interesses für Andersen brachte er dessen Märchendichtung kaum Verständnis entgegen.

60 Professor Thiele: Just Mathias Thiele (1795–1874), dänischer Schriftsteller und Kunsthistoriker, u. a. Direktor der Kupferstichsammlung. Beschäftigte sich nach dem Vorbild der Brüder Grimm mit der Sammlung und Herausgabe dänischer Volkssagen und war lebenslang mit Andersen befreundet.

Møhl: Nicolai Christian Møhl (1798–1830), Mediziner.

Madame Andersen: Birgitte Andersen (1791–1875), Schauspielerin am Königlichen Theater.

»Der kleine Deklamator«: Titel eines Schauspiels von Kotzebue.

Grundtvig: Nicolai Frederik Severin Grundtvig (1783–1872), dänischer Schriftsteller und Theologe von großem Einfluß, Begründer der dänischen Volkshochschulbewegung.

Olsen: Godske Hans Olsen (1760–1829), Mitglied der Direktion des Königlichen Theaters 1811–29.

61 »Die Räuber in Vissenberg»: »Røverne i Vissenberg«. Andersen reichte sein auf einer dänischen Volkssage basierendes Stück am 19. März 1822 anonym beim Königlichen Theater ein und erhielt die Ablehnung am 16. Juni 1822.

»Johanna von Montfaucon«: Trauerspiel von August von Kotzebue.

»Zoraime und Zulnar«: Singspiel von François Adrien Boieldieu (1798).

»Lanassa«: Singspiel von Simon Mayr (1763–1845), das in Kopenhagen zum Geburtstag der Königin aufgeführt wurde.

63 »Rolf Blaubart«: Gemeint ist Vincenzo Galeottis gleichnamiges Ballett (1808).

65 »Die Weinlese«: Singspiel von Friedrich Ludwig Aemilius Kunzen (1796).

»Die beiden Grenadiere«: Komödie von Joseph Patras (1732–1801).

66 Urban Jürgensens Mutter: Anne Leth Jürgensen (1755–1828), Mutter des Hofuhrmachers Urban Jürgensen (1776–1830).

nach der gleichnamigen Erzählung von Suhm: Die Erzählung »Elfensonne« war 1783 in der Sammlung »Nordische Novellen« von Peter Frederik Suhm (1728–1798) erschienen.

66 Propst Gutfeld: Frederik Carl Gutfeld (1761–1823), Mitglied der Direktion des Königlichen Theaters, hat Andersen mehrfach durch Fürsprache und Empfehlungen unterstützt.

67 »Das Gefängnis in Edinburgh«: Gemeint ist der Roman »Das Herz von Midlothian oder Das Gefängnis in Edinburgh« (1818) von Walter Scott (1771–1832), der 1822 in dänischer Übersetzung erschienen war.

Palnatoke: dänischer Sagenheld des 10. Jahrhunderts, der Adam Oehlenschläger zu einer gleichnamigen Tragödie (1807) anregte.

Kommandeur Wulff: Peter Frederik Wulff (1774–1842), dänischer Kapitän, Kommandeur, später Konteradmiral und Chef der Marineakademie, galt als führender dänischer Shakespeare-Übersetzer seiner Zeit und bot dem jungen Andersen in seiner Familie freundliche Aufnahme.

68 Seidelin: Andreas Seidelin (1777–1840), Hof- und Universitätsbuchdrucker.

Proft: Henrik Christian Proft (1795–1827), dänischer Literat, der als erster (am 12. 7. 1822) öffentlich auf den jungen Andersen aufmerksam machte und zur Subskription seiner »Jugendversuche« aufforderte.

Liunges Unterhaltungsblatt »Die Harfe«: »Harpen«, herausgegeben von A. P. Liunge (1798–1879), der später Redakteur der Zeitung »Kjøbenhavns Posten« wurde.

69 Edvard: Edvard Collin (1808–1886), zweitältester Sohn von Jonas Collin, Jurist und Verwaltungsbeamter. Andersens Freundschaft mit ihm begann erst 1827 und war von Spannungen nicht frei. So mußte er es als tiefe Demütigung empfinden, als der jüngere, von ihm schwärmerisch verehrte Edvard C. das angebotene »Du« kühl und höflich ablehnte. Andersen setzte ihn als seinen Universalerben ein.

Meisling: Simon Meisling (1787–1856), seit 14. 9. 1822 Rektor in Slagelse, ab 1826 in Helsingør. Andersen hat ihn später nicht nur literarisch porträtiert (so in der »Fußreise von Holmens Kanal zur Ostspitze von Amager in den Jahren 1828 und 1829« als Teufel), auch in seinen Tagebüchern tauchen immer wieder Alpträume auf, denen das traumatische Meisling-Erlebnis zugrunde liegt.

»Jugendversuche«: »Ungdoms-Forsøg«, 1822. Andersen benutzte das Pseudonym »Viliam Christian Walter«, ohne sich (wie andernorts auch) um die genaue Schreibweise der von ihm verehrten Dichter zu kümmern. Obwohl er sich um Subskribenten für sein Werk im Eigenverlag bemühte, wurde es buchhändlerisch ein Mißerfolg und später größtenteils eingestampft bzw. als Packpapier verwendet.

71 20. NOVEMBER 1822: Tatsächlich war es der 26. Oktober 1822. BASTHOLMS BIBLIOTHEK: Bibliothek des Pfarrers Hans Bastholm (1774–1856), die 5000 Bände umfaßte.

72 MADAME HENNEBERG: Erikke Marie Henneberg (1767– 1839). SNITKER: Jens Peter Snitker (1770–1847), Studienrat in Slagelse, unterrichtete Latein, Dänisch, Schreiben. Andersen hat ihm in seinem Reisebuch »Schattenbilder von einer Reise in den Harz, die Sächsische Schweiz etc. etc. im Sommer 1831« (Kapitel IV und VI) ein liebevoll-ironisches Porträt gewidmet.
INGEMANN: Vgl. Anm. zu S. 59.
JENS MØLLER: 1779–1833, machte 1797 in Slagelse Abitur, war dort 1802–1808 Studienrat, später Theologieprofessor.
ROSENKILDE: Vgl. Anm. zu S. 59.

73 QVISTGAARD: Jeppe Christensen Qvistgaard (1781–1850) unterrichtete Latein, Griechisch, Hebräisch und Religion.
ANDERSEN: Christopher Petersen Andersen (1785– 1853) unterichtete Geschichte, Geographie, Deutsch und Griechisch.

74 DIE DRAMATISCHE GESELLSCHAFT: An das Theater in Slagelse hat Andersen in späteren Werken wiederholt erinnert, so in »Schattenbilder von einer Reise in den Harz, die Sächsische Schweiz etc. etc. im Sommer 1831« (Kapitel IV) und im »Bilderbuch ohne Bilder« (Vierter Abend).

76 MOLINASKI: eigtl. »Mühlentanz«, zu Beginn des 19. Jahrhunderts beliebter Gesellschaftstanz.
SEINE FRAU: Inger Cathrine Meisling (1793–1854), seit 1812 (nach ihrer eigenen Aussage: unglücklich) verheiratet mit Simon Meisling.
»O FLIEH, BETROGNE, FLIEH ..«: Arie der Elvira in Mozarts »Don Giovanni« (1. Akt, 10. Szene).

77 GUTFELD: Vgl. Anm. zu S. 66.
BASTHOLM: Vgl. Anm. zu S. 71.
MÜNTER: Friederich Münter (1761–1830), Kirchenhistoriker und Bischof von Seeland seit 1808, setzte Meisling am 16. 7. 1823 als Rektor ein.

78 FRANKENAU: Rasmus Frankenau (1767–1814), Arzt am Krankenhaus von Slagelse und Dichter von seinerzeit beliebten Liedertexten und Elegien.

82 DIE JETZIGE FRAU KOMMANDEUR WULFF: Henriette Wulff, geb. Weinholdt (1784–1836), seit 1803 verheiratet mit Peter Frederik Wulff (vgl. Anm. zu S. 67).

83 »DER HEILIGE ANDERS«: um 1200, Pfarrer an der Sankt Peders Kirche in Slagelse und Kreuzfahrer (der Sage nach).

JOPPE: alter Name von Jaffa, seinerzeit Haupthafen der Kreuzfahrer.

GESPENSTER-HERTZ: Henrik Hertz (1797–1870), dänischer Schriftsteller. 1830 veröffentlichte er anonym seine satirischen »Gespensterbriefe« (»Gjenganger-Breve eller poetiske Epistler fra Paradis«), in denen er u. a. Andersen als »diesen heiligen Andersen« verspottete.

84 VERWALTER BALLING: Jonathan Balling (1773–1829), Speicherverwalter beim königlich-grönländischen Handel, mit dessen Familie Andersen zeitlebens in Verbindung blieb.

SHAKESPEARES »STURM«: Andersen las das Drama in Simon Meislings Übersetzung (1810).

85 GRAF SCHMETTAU: Alexander Wilhelm Schmettau (1807 bis 1891), 1824–26 Schüler in Slagelse.

SOLDIN: berühmte Buchhändlerfamilie in Kopenhagen; auf welchen Namensträger hier angespielt wird, ist nicht sicher feststellbar.

86 SORØ: Die traditionsreiche, noch heute bestehende Internatsschule (»Akademie«) von Sorø geht zurück auf eine 1586 von Frederik II. begründete Erziehungsanstalt für adlige und bürgerliche Knaben. Nach wechselvoller Geschichte erlebte die Schule 1826–49 eine neue Blütezeit und hatte eine Reihe von berühmten Lehrern, u. a. die Schriftsteller Hauch, Ingemann und Molbech. 1903 wurde sie in ein allgemeines Gymnasium umgewandelt.

SCHULZ: Johann Abraham Peter Schulz (1747–1800), deutscher Komponist, 1787–95 Kapellmeister am Königlichen Theater.

CHRISTIAN II.: 1481–1559, König von Dänemark-Norwegen 1513–1523 und von Schweden 1520–23. Er schränkte durch Reformen die Privilegien des Adels ein, war außenpolitisch äußerst expansiv, eroberte 1520 Schweden und richtete das »Stockholmer Blutbad« an. Nach dem erfolgreichen Aufstand der Schweden wurde er 1523 entthront. Andersens historischer Roman sollte den Titel »Der Zwerg Christians II.« tragen und blieb unvollendet.

86 »VALDEMAR«: Ingemanns seinerzeit berühmter historischer Roman »Valdemar der Sieger« (»Valdemar Seier«), erschien 1826.
KROG MEYER: Peder Krog Meyer (1779–1819), Theologieprofessor; sein »Lehrbuch in der christlichen Religions- und Sittenlehre« erschien 1818.

87 CARL BAGGER: 1807–1846, dänischer Schriftsteller, der sich 1822–28 als Schüler und Student in Sorø aufhielt.
BIGUMS GESELLSCHAFT: Gemeint ist die Theatertruppe des Schauspielers P. L. Bigum (1800–1828), die in Slagelse gastierte und u. a. »Die Räuber« von Friedrich Schiller aufführte.

88 ZINCK: vermutlich Ludvig Zinck (1776–1851), Gesanglehrer am Königlichen Theater.

91 »DIE FEUERPROBE«: Lustspiel von August von Kotzebue.
PRINZ CHRISTIAN: Vgl. Anm. zu S. 29.

94 FUGLSANG: Niels Studsgaard Fuglsang (1759–1832), Pfarrer in Slagelse, den Andersen häufig besuchte.

95 WELHAVEN: Christopher Frederik Welhaven (1788–1830), Lehrer an der Armenschule von Odense.

97 »DER MONAT JUNI«: 1832 in Andersens Gedichtsammlung »Die zwölf Monate des Jahres« (»Aarets tolv Maaneder«) gedruckt.
»DOCTORS BODER«: Wohlfahrtseinrichtung für kranke alte Leute im Graabrødre-Hospital. Andersens Mutter hatte hier einen Freiplatz bis zu ihrem Tod am 7. 10. 1833.
VARTOV: Name einer ähnlichen Wohlfahrtseinrichtung für arme alte Leute in Kopenhagen.

101 »DER GOTT UND DIE BAJADERE«: Anspielung auf die gleichnamige Oper von Daniel François Auber (1830).
JOHANNES WILDT: 1782–1836, äußerst produktiver dänischer Trivialautor seiner Zeit.

104 »DER SCHAUSPIELER WIDER WILLEN«: Komödie von Louis A. Dorvigny.

105 HOLSTEIN: Henning Christoph Holstein (1769–1836), Zollinspektor in Slagelse seit 1812.

106 ALADDIN: Anspielung auf Adam Oehlenschlägers Komödie »Aladdin oder Die Wunderlampe« (»Aladdin eller Den forunderlige Lampe«, 1805), ein Hauptwerk der dänischen Romantik, wo Aladdin in seinem Schlußmonolog ausruft: »Dort unten ging ich als kleiner Junge.«
SEINE GATTIN: Henriette Collin, geb. Hornemann (1772–1845), seit 1803 in zweiter Ehe verheiratet mit Jonas Collin.

106 »König Salomon«: »König Salomon und Jørgen Hutmacher«, Vaudeville von Johan Ludvig Heiberg, das bei seiner Uraufführung 1825 großes Aufsehen erregte.

Ingeborg: Ingeborg Collin (1804–1877).

Edvard: Vgl. Anm. zu S. 69.

Louise: Louise Collin (1813–1898). Andersen verehrte sie schwärmerisch und brachte ihr so großes Vertrauen entgegen, daß er ihr 1832 das Manuskript seines »Lebensbuchs« zu lesen gab. 1833 verlobte sie sich mit W. Lind und heiratete ihn 1840.

Lotte Oehlenschläger: Charlotte Oehlenschläger (1811–1835), älteste Tochter des Dichters Adam Oehlenschläger, die 1832 den Schauspieler J. L. Phister heiratete.

Johannes: Johannes Oehlenschläger (1813–1874), ältester Sohn Adam Oehlenschlägers.

107 Professor Nyerup: Rasmus Nyerup (1759–1829), Philologe und Literaturhistoriker, der seit 1803 die Universitätsbibliothek Kopenhagen leitete und dabei den jungen Andersen vielfach unterstützte.

Fräulein Schouboe: Julie de Schouboe (1813–1911). Andersen hat sie später als »norwegische Tarantel« bezeichnet.

109 Fräulein Wulff: Ida Wulff (1806–1876), jüngste Tochter von P. F. Wulff, seit 1828 verheiratet mit Baudirektor Jørgen Hansen Koch.

111 »William Shakespeare«: Romantisches Schauspiel (1826) von Caspar Johannes Boye (1791–1853).

113 Leutnant Hage: Johannes Philip Hage (1796–1863), Leutnant, später Generalkriegskommissar, seit 1822 verheiratet mit Caroline Sundt (1802–1857), Tochter des Generalleutnants Christian Sundt (1766–1849).

114 Blok Tøxen: Jørgen Karstens Blok Tøxen (1776–1848), Literat und Journalist, der für seine Polemiken berüchtigt war.

»höhnisch«: im Original geschrieben »hönisch«.

115 Jens Hviid: 1808–1837, Schüler in Slagelse, Abitur in Helsingør 1826, später Lehrer in Slagelse.

Kingo: Thomas Kingo (1634–1703), dänischer Dichter, seit 1677 Bischof der Insel Fünen, vor allem berühmt durch seine geistlichen Lieder.

Christian IV.: 1577–1648, König von Dänemark-Norwegen seit 1588. Außenpolitisch ohne Erfolg, ließ er zahlreiche repräsentative Bauwerke errichten und das auf drei Inseln gelegene Schloß Frederiksborg umbauen und ergänzen.

116 PRINZ FRITS: Vgl. Anm. zu S. 29, verlobte sich am 28. 5. 1826 mit Prinzessin Wilhelmine (1808–1891).

117 »SCHILDEREI VON KOPENHAGEN«: Andersens Reisebeschreibung war ohne sein Wissen am 01. 7. 1826 in der Zeitschrift »Nyeste Skilderie af Kjøbenhavn« unter dem Titel »Fragment einer Reise von Roskilde nach Helsingør« erschienen.

118 OBERLEHRER SCHJØRRING: Christen Schjørring (1774–1828), Oberlehrer in Helsingør seit 1815.

»JE SUIS LE GRAND!«: (franz.) Ich bin der Große!

119 BJØRNS GEOMETRIE: »Lehrbuch der Geometrie« (1811) von Hans Outzen Bjørn (1777–1843).

120 »O FLIEH, BETROGNE, FLIEH ...«: Vgl. Anm. zu S. 76.

126 THORTSEN: Carl Adolph Thortsen (1793–1878), Pädagoge, Metriker und Literaturhistoriker, war von 1826–37 Lehrer in Helsingør.

127 »GLÖCKNER HEEGAARDS REIMBEUTEL«: Thomas Wissing Heegaard (1781–1831), Glöckner und Kantor, gab 1824 eine Sammlung von unfreiwillig komischen Gedichten mit dem Titel »Reimbeutel« heraus.

SOLDIN: Vgl. Anm. zu S. 85.

DAS SELTSAME GRÜNE SCHILLERN IN SEINEN AUGEN: Dieses Schillern schreibt Andersen in seinem Prosabuch »Fußreise von Holmens Kanal zur Ostspitze von Amager in den Jahren 1828 und 1829« dem Teufel zu, der darin die Gestalt eines Schulmeisters angenommen hat.

129 »DIE INSEL IN DER SÜDSEE«: »Øen i Sydhavet«, Roman von Adam Oehlenschläger (1824/25).

LARS BACHE: 1771–1809, Fährmann in Helsingør, auch als Freibeuter bekannt.

LUDOLPH SCHLEY: 1798–1859, deutscher Schriftsteller und Übersetzer, hatte 1825 die Verserzählung »Axel« (1821) und 1827 den Romancenzyklus »Frithiofs Saga« (1825) des schwedischen Lyrikers Esaias Tegnér (1782–1846) übersetzt.

130 ATTERBOM: Per Daniel Amadeus Atterbom (1790–1855), schwedischer Lyriker, ein Hauptvertreter der schwedischen Romantik.

GEIJER: Erik Gustaf Geijer (1783–1847), schwedischer Lyriker und Historiker, ebenfalls Hauptvertreter der schwedischen Romantik.

WERLIIN: Christian Werliin (1804–1866), Theologe, seit 1841 Pfarrer.

131 MÜLLER: Ludvig Christian Müller (1806–1851), Theologe, Pfarrer, Pädagoge, auch Historiker, wegen seiner immensen Kenntnisse »der hebräische« Müller genannt.

132 JETTE: Henriette Wulff (1804–1858), älteste Tochter von P. F. Wulff (vgl. Anm. zu S. 67). Andersen blieb bis zu ihrem Tod eng mit ihr befreundet.

»HAGBARTH UND SIGNE«: Tragödie von Adam Oehlenschläger (1815).

133 EIN SOHN DES SCHAUSPIELERS HEGER: Gemeint ist Hans Christian Heger (1806–1846), der vergeblich seinem Vater Stephan Heger (1769–1855), Schauspieler am Königlichen Theater, nachzueifern suchte.

135 ... ZU MEINEN EINUNDZWANZIG JAHREN: Tatsächlich war Andersen zu diesem Zeitpunkt zweiundzwanzig Jahre alt.

FRAU SCHWARTZ: Kirstine Schwartz (1767–1842). Die Dachkammer in der Vingaardsstræde hat Andersen mehrfach literarisch verewigt, u. a. in der »Fußreise« und im »Bilderbuch ohne Bilder«.

136 ETATSRAT OLSEN: Vgl. Anm. zu S. 60.

FRAU MÜFFELMANN: Frederikke Lovise Müffelmann (1786–1835).

LUDVIG MÜLLER: Vgl. Anm. zu S. 131.

138 GRUNDTVIG: Vgl. Anm. zu S. 60.

RUDELBACH: Andreas Gottlob Rudelbach (1792–1862), Theologe, der abwechselnd in Dänemark und Deutschland tätig war.

LINDBERG: Jacob Christian Lindberg (1797–1857), Pfarrer und Orientalist, eifriger Anhänger Grundtvigs.

140 PROFESSOR THIELE: Vgl. Anm. zu S. 60.

GERSON: Nicolai Gerson (1802–1865), Großhändler und Pianist.

141 CARL MARIA VON WEBER: 1786–1826. Andersen schreibt den Namen des deutschen Komponisten: Carl Maria Weber.

MANUDUKTEUR: Privatlehrer, der zum Examen vorbereitet.

LUDVIG MÜLLER: 1809–1891, Theologe und Numismatiker.

142 FRITZ PETIT: Frederik (Fritz) Petit (1809–1854), dänisch-deutscher Übersetzer und Schriftsteller, der u. a. Märchen und die »Fußreise« von Andersen ins Deutsche übersetzte. Seine »Gedichte aus der Fuchs-Zeit« erschienen 1828, stammen jedoch teilweise von Carl Bagger.

143 »NEUESTE SCHILDEREI«: Eine entsprechende Stelle ließ sich in der Zeitschrift »Nyeste Skilderi af Kjøbenhavn« nicht nachweisen.

143 »KJØBENHAVNSPOSTEN«: Andersens Gedicht erschien zusammen mit der deutschen Übersetzung am 25. 9. 1827 und war mit »H – – « unterzeichnet.

»DIE FLIEGENDE POST«: Gemeint ist die Zeitschrift »Kjøbenhavns flyvende Post«, die Johan Ludvig Heiberg 1827, 1828, 1830 herausgab.

146 »FUßREISE NACH AMAGER«: »Fußreise von Holmens Kanal zur Ostspitze von Amager in den Jahren 1828 und 1829«, Andersens erstes Prosabuch, erschienen 1829, das mit üppig wuchernder Phantasie seine Erlebnisse in einer Silvesternacht schildert.

147 ... WAR OEHLENSCHLÄGER REKTOR: Der Dichter Adam Oehlenschläger war 1828 nicht Rektor, sondern Dekan der philosophischen Fakultät und empfing sämtliche Abiturienten.

ARNESEN: Anton Ludvig Arnesen (1808–1860), Schriftsteller und Verwaltungsbeamter. Sein Vaudeville »Die Intrige am Vergnügungstheater« wurde im Mai 1828 uraufgeführt.

148 VON SCHMIDTEN: H. G. von Schmidten (1799– 1831), Professor für Mathematik an der Universität Kopenhagen.

149 REITZEL: Carl Andreas Reitzel (1789–1853), dänischer Buchhändler und Verleger, in seinem 1819 gegründeten Verlag erschienen die prominentesten Autoren der Zeit.

»LITERATURZEITUNG«: »Dansk Litteratur-Tidende«, 1829.

»MONATSSCHRIFT«: »Maanedsskrift for Litteratur«, Bd.1, 1829.

150 HAUCH: Johannes Carsten Hauch (1790–1872), Schriftsteller und wichtiger Vertreter der dänischen Romantik, seit 1851 Professor für Ästhetik in Kopenhagen. Sein Schauspiel »Don Juan« erschien 1828.

151 »LIEBE AUF DEM NIKOLAI-TURM ...«: »Kjærlighed paa Nikolai Taarn eller hvad siger Parterret?« Andersens »heroisches Vaudeville« wurde schließlich insgesamt dreimal 1829 am Königlichen Theater aufgeführt.

»AXEL UND VALBORG«: Tragödie von Oehlenschläger (1810).

PHILOLOGICUM UND PHILOSOPHICUM: Examen philosophicum et philologicum; Prüfung, die für Studenten aller Fakultäten obligatorisch und Voraussetzung für den Erwerb eines akademischen Grades war.

152 DR. RYGE: Johan Christian Ryge (1780–1842), Arzt und Schauspieler am Königlichen Theater.

MADAME WEXSCHALL: Anna Wexschall (1803–1856), Schauspielerin am Königlichen Theater, die in Oehlenschlägers Dramen Triumphe feierte.

153 PROFESSOR DAVID: Christian Nathan David (1793–1874), Nationalökonom und später u. a. Finanzminister. Sein Verriß erschien in »Maanedsskrift for Litteratur«, 1, 1829.
JUNGFER WULFF: Ida Wulff, vgl. Anm. zu S. 46.
MOLBECH: Christian Molbech (1783–1857), dänischer Literat, Historiker und Philologe. Andersen bezieht sich auf das 1811 erschienene Werk »Jugendwanderungen in meinem Vaterland«.

154 KÖNIG VALDEMARS TURM: der heutige »Gänseturm«. Gehörte zu den Verteidigungsanlagen des dänischen Königs Valdemar IV. Atterdag (um 1320–1375) zum Schutz des Schlosses Vordingborg.
BANG: Claus Christian Bang (1778–1855).
LASSEN: Frederik Chistian Lassen (1751–1831), Pfarrer, den Andersen später literarisch porträtierte.
STRUENSEE: Johann Friedrich Struensee (1737–1772), Arzt und Staatsmann in dänischen Diensten, Leibarzt Christians VII. und Geliebter der Königin Caroline Mathilde. Führte als Kabinettsminister eine Reihe von Reformen im Sinne des aufgeklärten Absolutismus durch, wurde durch eine Verschwörung des Hofadels gestürzt und wegen seiner Beziehung zur Königin hingerichtet.
BRANDT: Enevold Brandt (1738–1772), dänischer Hofbeamter und Verbündeter Struensees, mit dem er zusammen hingerichtet wurde.

155 THORLACIUS: Børge Thorlacius (1775–1829), Philologe und Dekan der philosophischen Fakultät.

156 FRAU SCHRØDER: Charlotte Schrøder (1786–1868). Andersen wohnte bei ihr bis 1833.
MOLBECH: Vgl. Anm. zu S. 153.
PROFESSOR HAUCH: Vgl. Anm. zu S. 150. In seiner Komödie »Turmbau zu Babel« (»Den babyloniske Taarnbygning«, 1830) wird Andersen als Pierrot porträtiert und parodistisch angegriffen.

157 HALD: Peter Tetens Hald (1802–1864), Lizentiat der Theologie, auch Autor von Vaudevilles und Literaturkritiken.

158 FRAU LÆSSØE: Signe Læssøe (1781–1870), blieb bis zu ihrem Tod mit Andersen befreundet.
ABRAHAMSON: Werner Hans Frederik Abrahamson (1744 bis 1812), Kapitän, Inspektor und Lehrer an der Landkadettenakademie, als Schriftsteller vor allem bekannt durch seine Liedertexte.

159 JENER ROMAN ...: Andersen meint seinen Roman über Christian II., vgl. Anm. zu S. 86.

STEEN STEENSEN BLICHER: 1782–1848, Erzähler und Lyriker, der seine Heimat Jütland zum literarischen Ort machte.

160 ELMQUIST: Adolph Frederik Elmquist (1788–1868), Zeitungsherausgeber und Buchdrucker.

GULDBERG: Julius Høegh-Guldberg (1779–1861), Land- und Seekriegskommissar, Bruder von Andersens Gönnern Frederik und Christian Høegh-Guldberg.

DASS ICH MORGENS ZWISCHEN ACHT UND NEUN ZU HAUSE SEI: In Andersens »Fußreise« heißt es gegen Ende des 13. Kapitels: »Ich bin daheim von acht bis neun, für Damen jedoch zu allen Zeiten.«

SCHLUSSKAPITEL: Dieses lautet im Original: »––––!!!–––––?––,–––,–––,–––;–––.––!––––?––,––,–, –––,––,––:–––, «–––.–––;–––!–––!!!!!!«

161 VEDEL SIMONSEN: Lauritz Schebye Vedel Simonsen (1780–1858), Historiker, den Andersen wegen seines geplanten Romans konsultierte.

RØRBYE: Martinus Rørbye (1803–1848), dänischer Maler.

162 SCHØNHEYDER: Johan Franciscus Gottlieb Schønheyder (1773–1850), Stiftamtmann in Viborg 1820–31.

HALD: traditionsreicher Gutshof in der Nähe von Viborg, den Steen Steensen Blicher mehrfach in seinen Novellen erwähnt.

»PHANTASIEN UND SKIZZEN«: »Phantasier og Skizzer«, Andersens Gedichtsammlung erschien 1831.

BLOCH: Jens Bloch (um 1760–1830), seit 1805 Bischof in Viborg.

163 CHRISTIAN IV.: Vgl. Anm. zu S. 115.

IVERSENS WITWE: Kirstine Marie Iversen (1767–1837), Witwe des Buchdruckers Iversen (vgl. Anm. zu S. 34), der 1827 gestorben war.

GRAFENFEHDE: so genannt nach dem Grafen Christoffer von Oldenburg, unter dessen Leitung die Hansestadt Lübeck 1534 einen Angriff auf die dänische Insel Seeland begann. Die kriegerischen Auseinandersetzungen, in deren Verlauf es zu einem Aufstand jütländischer Bauern kam, endeten 1536 mit dem Sieg des dänischen Adels und Christians III., der die Reformation in Dänemark einführte, und einer Niederlage Lübecks.

165 MEINEM ERSTEN SCHULMEISTER: Fedder Carstens (1784 bis 1874), betrieb für kurze Zeit in Odense eine Knabenschule, vor allem für jüdische Kinder.

165 PROVINZSTADT: Gemeint ist Faaborg – Andersen gibt sich bewußt geheimnisvoll.
MEINEN BEKANNTEN, DEN STUDENTEN: Christian Voigt (1809–1888), später Kaufmann in Faaborg.

166 DIE ÄLTESTE TOCHTER: Riborg Voigt (1806–1883), Andersens Jugendliebe. Sie heiratete 1831 den Förster Poul Jacob Bøving (1799–1885).

170 »AVIS AUX LECTRICES«: (frz.) »Hinweis für die Leserinnen«.

171 GOZZIS »DER RABE«: »Il corvo«, Komödie von Carlo Gozzi (1720–1806), die Simon Meisling ins Dänische übersetzt hatte. Andersen schrieb auf dieser Grundlage das Libretto einer Oper, die 1832 mit der Musik von J P. E. Hartmann Premiere hatte.

172 BREDAL: Ivar Bredal (1800–1864), Komponist und Bratscher am Königlichen Theater.

173 »DIE BRAUT VON LAMMERMOOR«: Andersens Singspieltext nach Walter Scott, vertont von Ivar Bredal, wurde am 5. Mai 1832 uraufgeführt.

174 UHLANDS GEDICHTE: Ludwig Uhlands Sammlung »Sängerliebe« (1815).

178 »CHRISTEN UND CHRISTINE«: Dramatische Idylle von Eugène Scribe und Henri Dupin (1821).

179 »DIE BEIDEN TAGE»: Singspiel von Luigi Cherubini (1800).

183 »DAS NEUE GESPENST«: Gemeint ist Henrik Hertz, vgl. Anm. zu S. 83.
TIECKS »DIE ELFEN«: Ludwig Tiecks Märchen erschien 1812.

184 DASS SIE SICH DURCH LOB...: Die Fortsetzung von Ingemanns Brief fehlt in Andersens Manuskript und wurde vom dänischen Herausgeber nach dem Originalbrief hinzugefügt.
POST NUBILA PHOEBUS: (lat.) Auf Regen folgt Sonnenschein.

George Sand

Ein Winter auf Mallorca

Herausgegeben und ins Deutsche übertragen
von Ulrich C. A. Krebs

272 Seiten mit 47 Illustrationen nach zeitgenössischen Stichen und Lithographien, Leinen

George Sand verbrachte den Winter 1838/1839 mit ihren Kindern und Frédéric Chopin auf Mallorca. Sie hat ihren autobiographischen Bericht mit Nachrichten über den Menschenschlag, die Landschaft und die Geschichte der Insel angereichert – und damit ein Buch geschrieben, das durch keinen modernen Reiseführer aufgewogen werden kann.

»Diese bibliophile Ausgabe ist ihr Geld wert und läßt nur das Fazit zu: Möge der Merian-Führer vergilben!«

RezenSöhnchen, Universität Bamberg

»Noch immer ist dieses Buch ein Muß für alle, die Mallorca zu kennen glauben oder es kennenlernen wollen.«

Hamburger Abendblatt

Eugen Diederichs Verlag